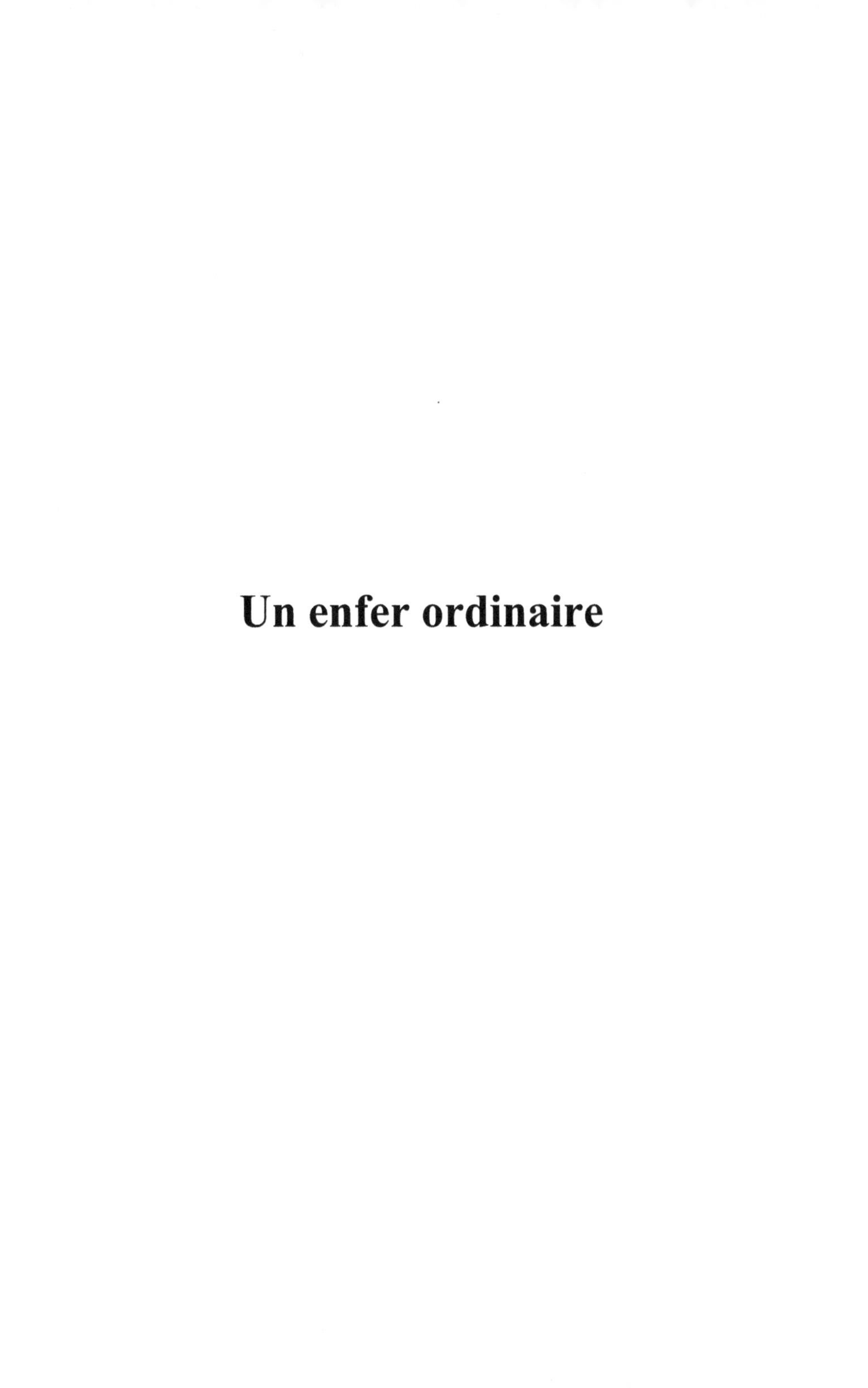

Un enfer ordinaire

Ana Gaubert

Alain Astaud

Un enfer ordinaire

Roman

ISBN : 979-10-377-8711-8

Prélude

Décembre 1990

Il est dix-huit heures, ce vendredi. Il fait nuit noire. Je n'ai ni sac, ni papiers, ni argent… Sur ce boulevard glauque de Villeneuve-Saint-Georges, je grelotte avec juste un gilet, sur ma robe en jersey, qui épouse mon ventre arrondi.

Quelques heures auparavant, au domicile de mes beaux-parents, à Saintry, j'avais osé me réjouir à l'idée d'avoir mes filles pour le prochain Noël, affirmant que ce serait mon plus beau cadeau. Il était en face de moi, il lisait un journal… En fait, il épiait, l'air de rien.

Il a posé son journal sur la table, il s'est dressé et soudain, il m'a sauté à la gorge, me serrant de ses deux mains. Je ne pouvais rien faire, j'étais immobilisée, pétrifiée, j'étouffais. Trop âgés pour pouvoir s'interposer, ses parents se sont mis à hurler. Alerté par les cris, David, son fils de dix-huit ans, est accouru de la pièce d'à côté. Il n'a pas hésité à se jeter sur son père. Celui-ci s'est retourné et lui a flanqué un coup de poing en plein visage. David était sonné, il titubait, mais grâce à son intervention, je suis parvenue à me dégager des serres de mon mari.

Sans David, jusqu'où serait-il allé ? M'aurait-il étranglée devant ses parents ou se serait-il arrêté avant ? Je ne sais pas répondre à ces questions. Lui-même le sait-il ?

À peine remis du coup de poing au visage, David a pris sa veste et, avant de sortir, il n'a pas craint de s'adresser à son père en ces termes :

— Je vais porter plainte au commissariat. Je ne pensais pas que mon père pouvait en arriver là.

Curieusement, il ne l'a pas retenu, persuadé sans doute que son fils n'en ferait rien. C'était la première fois que David découvrait la violence dont son père était capable…

Quand nous sommes repartis de Saintry, il a insisté pour prendre le volant de ma voiture. Après ce qui venait de se passer, je sentais qu'il valait mieux ne pas le contrarier. Mais sans doute avait-il déjà sa petite idée…

Dans le véhicule, nous en sommes vite venus aux invectives. À l'arrêt à un feu rouge, il s'est penché de mon côté, il a ouvert la portière et il m'a violemment éjectée de ma voiture.

J'estime me trouver à environ huit kilomètres de notre domicile. En marchant bien, mais je dois aussi tenir compte de ma grossesse, je pense pouvoir parcourir quatre kilomètres à l'heure. Par conséquent, je ne serai pas rentrée avant vingt heures trente. Pas besoin de chercher bien loin la raison pour laquelle il a tenu à prendre le volant.

Divorcée de mon premier mari, j'ai la garde d'Emma, douze ans, et lui celle de Kaya, trois ans. Dans l'intérêt de nos enfants, nous sommes convenus d'un accord amiable. Vivant proches l'un de l'autre, nos filles sont libres d'aller chez leur père ou chez leur mère. Il n'y a aucun problème de garde ni de pension. Cela se déroule plutôt bien. C'était compter sans Patrick.

Mes filles ne devraient pas tarder à arriver. Il a agi ainsi uniquement pour que je ne sois pas là quand mes enfants débarqueront à la maison. Mais qui sait ? Avec un peu de chance et avec les embouteillages, peut-être que je les devancerai. Cette pensée suffit à me redonner du courage.

Je croise de rares silhouettes et des ombres pas franchement rassurantes. J'essaie de me rasséréner : « *Pourquoi ces gens s'en prendraient-ils à une femme enceinte qui n'a ni sac ni bijoux à voler ?* »

Mon bassin me fait souffrir. Ma gynécologue m'a bien recommandé de ne pas forcer sur la marche, cela peut aggraver les douleurs, celles connues sous le nom de syndrome de Lacomme. Dans ces cas-là, la solution, c'est le repos total. Tout le contraire de ce que je suis en train de faire, mais je n'ai pas le choix. Cela non plus, je n'aurais jamais dû le lui dire, que la gynécologue m'avait conseillé de me reposer, et surtout de m'épargner les longues marches. Ce n'est pas tombé dans l'oreille d'un sourd.

La pluie dégouline le long de mon visage, se mêlant à mes larmes. J'ai mal, j'ai froid, et il me reste au moins quarante-cinq minutes de marche. Mon bassin est de plus en plus douloureux. Seule une pensée me tient debout et me fait avancer : arriver à la maison pour protéger mes filles…

Il est vingt heures trente quand je sonne à l'interphone de notre immeuble. Une fois, deux fois, trois fois, j'insiste. Il finit par répondre :

— Oui, c'est pour quoi ?

— C'est moi.

— Ah ! Te voilà, toi ! Mais tu n'as pas honte ? Même pas capable d'être à l'heure pour accueillir tes filles…

Sans répondre, je rentre dans l'immeuble et j'appelle l'ascenseur. Il tarde à venir. En panne ? Malgré mes douleurs, j'emprunte les escaliers. Je gravis les marches avec beaucoup de difficultés. Parvenue à notre étage, le quatrième, je constate que c'est lui qui a bloqué la porte de l'ascenseur… Paradoxalement, loin de m'anéantir, son comportement odieux et violent réveille ma détermination. Je crois bien que c'est ce jour de décembre 1990 que j'ai su qu'il ne parviendrait pas à ses fins, me détruire.

Un amour désillusionné

Comment en suis-je arrivée là ? Comment ai-je atterri dans ce gouffre sans fond ? Quand je jette un regard rétrospectif, il me semble que ma vie est partie en vrille le jour où j'ai découvert que le père de mes filles me trompait.

J'ai vingt et un ans, je vis en banlieue parisienne, j'exerce le métier de comptable depuis quelques années déjà. Le samedi soir, je me rends souvent au *Blow Up*, une boîte de nuit d'Enghien-les-Bains.

Un soir, j'y fais la connaissance d'un bel homme aux yeux bleu-vert. Yan Lemee a quinze ans de plus que moi. Entre nous, débute une relation d'abord amicale. Appelé à prendre la direction d'un restaurant situé sur les bords du lac d'Enghien, Yan me propose d'assurer la comptabilité de l'établissement. D'amicale et professionnelle, notre histoire devient, un temps, « *sensuelle et sans suite* ». Malgré des sentiments réels l'un pour l'autre, je ne peux espérer davantage. J'ai fini par comprendre que le séducteur aux yeux bleu-vert est « *un homme à femmes* ». Nous sommes convenus de rester bons amis. Du moins, je le crois. J'ai eu le tort d'accepter de loger dans une maison qu'il n'occupe pas et qu'il me loue. Si Yan m'a fait cette proposition, c'est pour mieux me surveiller, mieux me contrôler. Il ne peut réprimer sa jalousie sitôt qu'un homme s'intéresse de trop près à moi. Or, j'entends mener librement ma vie sentimentale.

À l'été 1976, j'entreprends, avec mon amie Ruthy, un voyage de trois semaines à travers les États-Unis. À notre programme : New York, Phoenix en Arizona, le Grand Canyon, Las Vegas, Los Angeles et enfin San Francisco… Comme c'est souvent le cas, nos personnalités vont se dévoiler au cours du voyage : nous ne sommes pas différentes, nous sommes opposées. Au cours de notre équipée, Ruthy se comporte en ingénue quand je reste méfiante, elle se montre irréfléchie quand je me veux circonspecte. Elle n'a pas son pareil pour sympathiser avec des inconnus qui se proposent de nous transporter et de nous héberger. Pour mon amie, cela est tout naturel ; pour ma part, je refuse de croire que ce genre de proposition ne comporte pas de contrepartie. Or, je ne veux être redevable en rien envers les hommes. Je suis en permanence sur mes gardes quand mon amie prend la vie comme elle se présente.

En Californie, nous habitons chez Rachel dont l'appartement donne sur l'océan Pacifique. Tombée littéralement sous le charme de San Francisco, je me promets de revenir sous peu pour tenter une nouvelle vie.

De retour en France, je donne ma démission à Yan, je vends le peu que je possède, et deux mois plus tard, je m'envole à nouveau pour les *States*. Mais rien ne se passera comme je l'ai imaginé.

Un temps, je vis, seule femme, dans un squat occupé par des *junkies* défoncés à longueur de journée. Malgré les multiples incitations et parfois les pressions, je ne cède pas au conformisme ambiant.

Au bout de plusieurs mois, je dois me rendre à l'évidence : les États-Unis ne seront qu'une parenthèse dans ma vie, je n'accomplirai pas mon rêve américain. Il me faut rentrer en France. J'y parviens grâce à l'aide de Yan, avec qui je suis restée en contact.

Loin des yeux, loin du cœur, a-t-on coutume de dire. Dans notre cas, la distance nous aura plutôt rapprochés. Il a fallu cette séparation pour comprendre combien nous restons attachés l'un à l'autre.

En juillet 1977, nous reprenons une vie commune, à Épinay-sur-Seine. Yan a quitté le restaurant du lac d'Enghien. Il tient à présent un commerce de fruits et légumes dont je gère la comptabilité.

Quatre mois plus tard, je suis enceinte. La nouvelle paraît l'enchanter.

Le jour de l'accouchement, Yan ne consent à me conduire à la maternité qu'après avoir assisté à l'arrivée du Tour de France. Je m'en souviens, ce jour-là, vers les seize heures, un certain Régis Clère a remporté l'étape, après l'ascension du Causse Noir. Quant à moi, vers vingt-deux heures, j'ai mis une petite Emma au monde.

Avec la naissance de notre fille, l'appartement est devenu trop étroit. Nous avons déniché une maison comme on peut en rêver, en lointaine banlieue, à Amblainville, dans l'Oise.

Trois mois après l'accouchement, je suis de nouveau enceinte. D'un commun accord, il est décidé que j'avorterai.

La loi Veil de 1974 stipule qu'une femme ne peut avorter qu'en cas de ratés de contraception. Mais comme je n'emploie aucun moyen contraceptif, il faut recourir à une clinique qui pratique des avortements clandestins. Yan m'y dépose un matin et vient me chercher en début d'après-midi.

De retour à la maison, je m'allonge sur le lit pendant qu'il s'occupe de notre fille. À dix-sept heures, il retourne au magasin avant de se rendre au marché de Rungis. À dix-neuf heures, je donne le biberon à Emma après quoi, je la mets au lit. Me sentant fatiguée et sachant que Yan rentrera tard, je me couche à mon tour.

Vers vingt-deux heures, je suis réveillée par une forte fièvre. Je change les draps mouillés de sueur. Je grelotte, j'enfile une robe de chambre. Je me glisse sous la couette après avoir pris un Doliprane. Une heure plus tard, la fièvre n'a pas baissé : 40,1°. J'avale à nouveau du Paracétamol. Il est minuit, Yan n'est toujours pas rentré. Malgré mes deux robes de chambre, j'ai froid. Je me couvre d'une seconde couette sans parvenir à me réchauffer.

Je téléphone à Jean-Claude, un ami de Yan, tenancier d'une boîte de nuit. Il m'assure ne pas avoir vu mon mari de la nuit. Je tremble toujours de fièvre. Je n'ose pas appeler les secours, de crainte de réveiller Emma qui dort paisiblement…

Vers cinq heures du matin, Yan rentre à la maison. Je n'ai pas la force de lui demander où il était. Voyant mon état, il s'empresse de me donner du Paracétamol. Mais cela ne changera rien, vu la quantité que j'ai déjà avalée. Dès que la nounou est là, il me conduit aux urgences. Le médecin diagnostique une infection consécutive à l'avortement de la veille. Il doit pratiquer un curetage.

Notre maison est devenue le rendez-vous des cyclistes. Laurent, le neveu de Yan, vit depuis quelque temps avec nous. Il est passionné de vélo, une passion qu'il peut partager avec son oncle. Nous ne manquons pas de l'accompagner aux courses auxquelles il participe : les Six Jours de Grenoble, Copenhague, Cologne… Coureur prometteur, Laurent ambitionne de faire du vélo son métier.

Un autre coureur adore notre foyer, c'est Jules Pascal, plein d'avenir lui aussi. Il va bientôt passer professionnel et il me répète :

— Quand je gagnerai de l'argent, je veux la même maison que la vôtre.

Le destin en décidera autrement. Il décédera dans un accident de voiture, au retour d'une course. Il n'avait que vingt-six ans.

Un temps, notre maison héberge un champion, le Danois Hans Henrik Oersted.

Nous tenons souvent table ouverte. Laurent apprécie la chaleureuse ambiance qui règne chez nous. Quant à Emma, elle considère Laurent comme son grand frère.

Nos affaires marchent bien, j'accompagne Yan sur les marchés… Si une routine s'est installée, c'est celle du bonheur. Ce bonheur se concrétise, en 1985, par un mariage, lequel fait suite, en fait, à une question de notre fille qui ne comprend pas pourquoi elle porte le nom de son papa, différent de celui de sa maman. Son interrogation nous incite à nous « *unir pour le meilleur et pour le pire* ».

Peu de temps après notre mariage, je découvre que Yan me trompe. Je décide de le quitter. Il me jure ses grands dieux que c'était une erreur. Il me promet que cela ne se reproduira plus. Il me demande pardon. Je lui accorde une nouvelle chance, mais la dernière. La vie reprend son cours, comme auparavant, si ce n'est que, désormais, je me veux vigilante.

Cela dure encore quelques mois, jusqu'au jour où Yan est repris par le démon du jeu. Je n'ignorais rien de sa fréquentation des casinos, mais cela restait de l'ordre du raisonnable. Un temps, le cyclisme l'avait même détourné des tables de jeu. Mais quand le neveu est passé professionnel, l'oncle s'est retrouvé hors course. Les responsables des équipes cyclistes veillent à tenir à distance les parents d'un coureur. Yan a donc repris le chemin des salles de jeux, mais cette fois à un rythme de plus en plus soutenu.

Un jour, je m'aperçois qu'il manque de l'argent dans la trésorerie de notre entreprise. Yan est devenu accroc au point de compromettre les finances de notre entreprise et du foyer. Il faut vendre la maison. La plus-value nous permet de reprendre en location un bel appartement sur le lac d'Enghien-les-Bains.

Fin 1986, je suis de nouveau enceinte.

Un week-end de juin 1987, Yan m'annonce qu'il accompagne Laurent dans l'est de la France où se déroule une course régionale. Enceinte de près de neuf mois, je préfère ne pas me joindre à eux.

Le soir même, je m'installe à l'ordinateur pour faire les comptes. Un nouveau problème financier m'apparaît. Il est vingt et une heures, j'appelle l'hôtel où Yan est descendu. Je tombe sur Laurent, je lui demande de me passer son oncle. Il paraît gêné :

— Je ne peux pas, il est parti dîner à l'extérieur.

— Bien, je le rappelle tout à l'heure.

À vingt-deux heures trente, c'est Laurent qui, encore une fois, me répond :

— Désolé, il n'est toujours pas là.

— OK. Je rappellerai un peu plus tard.

Mais à vingt-trois heures, Yan n'est toujours pas rentré.

— OK. Laurent. À tout à l'heure.

Le soupçon me fait passer par tous les états, la colère, le désespoir, la révolte… Je refuse de croire qu'il ait pu me faire une chose pareille. Pas maintenant, pas au moment où je vais mettre au monde notre deuxième enfant. Il est une heure du matin quand je tente un ultime appel :

— Je suis désolée Laurent de te réveiller alors que tu cours demain. Mais là, vois-tu, je sais que tu me mens. Et franchement, venant de ta part, je suis très déçue. Donc, je vais te poser une seule question, et j'espère que tu ne vas pas continuer de me mentir. Est-ce que ton oncle t'a accompagné à cette course ?

Il s'ensuit un long et lourd silence, entrecoupé par nos seules respirations, avant que ne retentisse ce simple mot :

— Non.

— Bonne nuit, Laurent.

Une rage m'envahit, celle de tout casser. Je parviens, malgré tout, à me calmer. Je dois d'abord penser à mon bébé. L'accouchement est trop proche pour prendre une décision sur un coup de colère.

Je suppose que Laurent aura prévenu son oncle de mes appels répétés. Ce qui lui aura laissé amplement le temps d'échafauder une histoire à dormir debout, comme il sait si bien le faire.

Cette fois, il me raconte qu'évidemment, ce n'était pas du tout ce que j'avais imaginé, que je me faisais des idées, qu'en vérité, il était allé jouer au Casino de Deauville, et comme il savait que je l'aurais désapprouvé, il avait préféré inventer cette histoire comme quoi il partait avec Laurent, pour me ménager n'est-ce pas, puisque j'étais enceinte, oh bien sûr, c'était ridicule, il avait eu tort, il n'aurait jamais dû, d'ailleurs il s'en voulait d'avoir agi ainsi… Bref, à défaut d'aveu, je n'ai aucune preuve.

Quelques semaines plus tard, j'accouche de notre seconde fille, prénommée Kaya.

Je me souviens de mon retour de la clinique, le 16 juillet 1987. Emma attend avec impatience sa petite sœur dont elle n'a toujours pas fait connaissance. Ce même jour est aussi celui de l'anniversaire de notre fille aînée. Pour fêter les deux événements, je prépare un petit repas. Mais Yan n'a rien prévu pour Emma. Avant de passer à table, je pars à pied jusqu'à Enghien pour lui trouver son cadeau d'anniversaire, un sac à dos avec un gros Bisounours rose. La joie dans les yeux d'Emma lorsqu'elle déballe son paquet, suffit à m'apaiser.

Le lendemain, Emma part avec sa grand-mère en Bretagne pour deux semaines de vacances.

Le dimanche, je prévois d'aller présenter notre bébé aux amis commerçants du marché où nous tenons un stand. Il est dix heures, je suis sur le point de quitter l'appartement, quand j'entends la clé dans la serrure. La porte s'ouvre. Je suis surprise, c'est Yan. À cette heure-ci, il devrait être au stand. Je suis encore plus étonnée de le voir une valise à la main. Mais je ne suis pas au bout de mes « surprises ». Il m'annonce le plus naturellement du monde :

— Je pars en voyage…

Je m'entends répéter mécaniquement :

— Tu pars en voyage…

— Oui, tu comprends, moi, ces neuf mois de grossesse, ça m'a fatigué ! Alors, j'ai besoin de vacances.

Je me laisse littéralement tomber sur le canapé, complètement abasourdie ! C'est bien simple, je ne comprends pas ce qui m'arrive, le monde s'écroule. Passé l'effet de sidération, j'essaie de réagir :

— Ce n'est pas possible ! Tu ne peux pas me laisser comme ça, toute seule ! Maintenant !

— Mais tu n'auras pas grand-chose à faire. Juste en fin de semaine, récupérer les recettes des marchés que tu déposeras sur mon compte en banque. Pour les recettes de la semaine, ça peut attendre la semaine suivante. Tu sais le faire.

— Mais tu plaisantes ou quoi ?! Et d'abord, tu pars où ?

— Je ne sais pas trop pour l'instant.

— Ah, tu ne sais pas ! Et je peux te joindre à quel numéro ?

— Non, c'est moi qui t'appellerai.

— Arrête de te foutre de moi ! Et tu pars avec qui ?!

— Mais qu'est-ce que tu ne vas pas imaginer ? Je t'ai dit, j'ai besoin de vacances.

— Oui, c'est ça ! Alors maintenant, écoute-moi bien ! Je vais prendre la poussette, je vais aller faire le tour du lac avec notre bébé, et quand je rentre, tu as intérêt à être là. Sinon, crois-moi, toute ta vie, tu te souviendras de ce que tu es en train de me faire !

Je sors avec mon enfant et avec mon désespoir. J'erre sans savoir où aller. Je ne cesse de pleurer. Je ne parviens pas à me calmer. Je suis perdue. Je me décide à rentrer. J'espère de toutes mes forces le retrouver à la maison. Je tourne la clé dans la serrure. J'entre. Il est parti.

Je pleure. Kaya aussi pleure, elle réclame son biberon. Je le lui prépare, puis je le lui donne. Mes larmes coulent sur son visage.

Seule l'idée de la vengeance pourra me calmer.

Après avoir déposé Kaya dans son lit, je passe dans la salle de bain pour rafraîchir mon visage dévasté.

Ainsi qu'il me l'a demandé, je me rends sur les marchés pour récupérer les recettes. Le lendemain, je dépose l'argent, non sur son compte, mais sur le mien.

À présent, je comprends mieux pourquoi, quelque temps auparavant, il m'a demandé de me porter caution auprès de sa banque pour la somme de 20 000 francs. Monsieur avait besoin de financer son petit voyage je ne sais où, avec je ne sais quelle maîtresse. Car s'il y a bien une certitude, c'est qu'il n'est pas du genre à entreprendre une escapade en solitaire.

Le lundi matin, à la première heure, mon couffin dans les bras, je me rends à la banque où j'ai rendez-vous avec la responsable de nos comptes. Je lui explique que, le délai de rétractation n'ayant pas expiré, je souhaiterais annuler ma caution. La banquière paraît embarrassée :

— Vous êtes sûre madame ? Car nous avons déjà effectué le virement sur le compte de votre mari.

— Eh bien malheureusement pour vous, vous avez commis une erreur. Je bénéficie encore du délai de rétractation, et je suis sûre de vouloir annuler cette caution.

En sortant de la banque, j'éprouve une certaine satisfaction. Je retourne à l'appartement car Kaya commence à s'agiter dans son couffin. Changement de couche, petit biberon, et nous voilà reparties toutes les deux pour ma banque où je dépose les recettes du week-end.

Ces dispositions prises, un sentiment de désarroi et de solitude m'envahit.

Tous les soirs, il est entendu que je téléphone à Emma pour prendre de ses nouvelles. Mais un soir, j'ai peur de craquer. Je préviens la grand-mère de la situation et je la prie de ne pas me passer ma fille.

Le lendemain mardi, après le bain et le biberon de Kaya, je me rends, toujours avec mon bébé dans le couffin, au commissariat afin de déposer une main courante.

De retour à la maison, je donne le biberon à Kaya. Après quoi, je la couche, mais elle a beaucoup de mal à s'endormir. Je culpabilise persuadée que mon bébé perçoit mon anxiété. Je tente de la rassurer en la prenant dans les bras, en la berçant, mais rien n'y fait. Nous sommes désormais deux à pleurer. En dépit des apparences de femme volontaire et déterminée, je suis, en vérité, désespérée.

Le mercredi, je rencontre l'avocat qui, prévenu, a établi un acte d'assignation en divorce.

Le jeudi après-midi, je passe au marché de Beauchamp et je récupère auprès de notre employé les recettes des derniers jours. L'après-midi, l'intégralité des sommes est déposée sur mon compte.

Yan ne s'est toujours pas manifesté.

Je ne mange plus, je ne dors plus, je me sens épuisée, abandonnée. Personne à qui parler, personne à qui me confier. J'ai honte, non de moi, mais pour lui, et je ne veux pas que cela se sache. Mais que ce secret est lourd à porter.

Et puis un soir, le téléphone sonne. C'est lui :

— Ça va ?

Je ne veux surtout rien laisser paraître :

— Très bien. Et toi ?

— Oui.

Il ne téléphone nullement pour avoir de mes nouvelles. Il en vient rapidement à la véritable raison de son appel :

— Dis-moi, tu as bien déposé l'argent à la banque ?

— Oui, bien sûr…

— Ah bon ? Pourtant, je n'ai rien sur mon compte…

— Ah mais, je ne l'ai pas déposé sur ton compte.

— Mais sur quel compte tu l'as fait ?

— Sur le mien.

— Non mais… Pourquoi tu as fait ça ?!

— Oooh… Disons que ça m'a fait du bien. Et attends, ce n'est pas fini, tu vas rire !

— Mais qu'est-ce que t'as fait ?

— Ben, figure-toi que je suis passée à ta banque et j'ai vu la responsable. Tu sais, madame… Ah, son nom m'échappe…

— Peu importe. On s'en fout !

— Oui, c'est vrai, on s'en fout. Ce n'est pas le plus important. Non, le plus important, c'est que j'ai retiré ma caution pour tes 20 000 francs, pour ton voyage avec ta maîtresse. Oui, parce que, tu comprends, j'étais encore dans la période de rétractation… Bon, je ne te cache pas que ta banquière était très mécontente, mais alors, vraiment mécontente. Va falloir que tu t'arranges avec elle. Mais bon, ça, tu sauras faire…

— Non mais, tu te rends compte dans quel merdier tu me mets ?!

— Ah, ben oui, j'espère bien. C'est le but, quand même ! Sinon, ce ne serait pas marrant ! Et puis attends la suite. Ce n'est pas fini. Je suis aussi passée au commissariat pour faire une main courante pour abandon de domicile, juste le jour de mon retour de la clinique, avec notre bébé de sept jours. Et puis, la dernière nouvelle, mais vu ta mentalité, ce n'est pas ce qui t'embêtera le plus, je suis passée voir l'avocat qui va t'adresser une assignation en divorce. Voilà, je crois qu'on a fait le tour. Je te souhaite de bonnes vacances. Profite bien.

Et j'ai raccroché.

Le lendemain matin, je suis encore au lit quand je sens une présence à mes côtés. J'ouvre les yeux, c'est lui.

Je lui trouve un visage fatigué, avec des cernes. On ne dirait pas qu'il rentre de vacances. Il ne me laisse pas le temps de lui demander la raison de cette mauvaise mine :

— Je ne sais pas si tu t'en rends compte, mais j'ai eu un mal fou pour trouver un avion. Je n'ai pas dormi de la nuit, et en plus, ça m'a coûté cher. Je n'ai pas pu me faire rembourser le retour.

— Tu ne voudrais tout de même pas que je te plaigne. Tu n'avais qu'à pas partir si loin, cela t'aurait coûté moins cher. Je remarque que tu rentres plus vite quand il s'agit d'argent que pour voir tes filles ! Bon. Tu peux t'éloigner un peu de mon espace vital, car à partir de maintenant, je ne me considère plus comme ta femme. Par conséquent, je n'ai plus d'obligation envers toi, je ne te dois plus ni fidélité, ni secours, ni assistance. Je suis libre. Notre histoire se termine là. On habitera ensemble, sous le même toit, le temps que je m'organise pour trouver un logement.

Je veux paraître ferme et détachée, mais à l'intérieur de moi, c'est une bataille. Je suis toujours amoureuse et lui aussi certainement. Mais il est clair que nous n'avons plus d'avenir ensemble.

En attendant le divorce, je reprends un travail. J'ai trouvé un appartement que j'envisage de partager avec mon amie Pascale.

Séduction et mise en confiance

Janvier 1989

Le mercredi soir, avec Pascale, nous allons tenter notre chance au Casino d'Enghien. Nous veillons à rester maîtresses du jeu. Pour éviter de déraper, nous nous imposons de ne pas dépasser la somme de 500 francs par semaine, que ce soit en pertes ou en gains. Une règle à laquelle nous n'avons jamais dérogé.

Tout joueur a ses marottes. Personnellement, j'ai pour principe de miser debout, derrière un joueur assis à une table. Je reste convaincue que s'asseoir, c'est prendre le risque de perdre plus vite.

Ce soir-là, je mise sur le jeu d'un homme dont je ne vois que la nuque. Avant que le croupier n'ait prononcé l'irréversible formule, « rien ne va plus », l'homme se retourne et me prévient :

— Vous allez perdre, madame.

Je lui réponds d'un haussement d'épaules et d'un sourire fataliste.

L'homme a vu juste : le croupier ramasse nos mises. Je juge préférable de quitter cette table pour une autre. Je mise de même sur un autre joueur. Bingo ! Cette fois, je gagne. Au même moment, j'aperçois le perdant de la table précédente se diriger vers la sortie. Je me dis que ce n'est pas son jour de chance.

Avec Pascale, nous profitons d'une pause pour faire le point. Aucune de nous deux n'a franchi, dans un sens ou dans l'autre, notre limite des 500 francs. Nous pouvons donc poursuivre la soirée. Le joueur malheureux est de retour dans la salle. Il s'approche de moi et sans que je lui demande quoi que ce soit, il croit bon de m'expliquer :

— Je suis retourné chez moi prendre de l'argent.

Puis, il repart à sa table.

Au moment où avec Pascale nous nous apprêtons à rentrer à notre appartement, le joueur revient vers moi :

— Vous venez souvent au Casino ?

— Une fois par semaine. Le mercredi. Mais c'est plus pour s'amuser que pour gagner.

Nous le saluons et nous sortons.

Le mercredi suivant, nous le retrouvons, qui tourne autour des tables. Sitôt qu'il nous aperçoit, il vient vers nous. Apparemment, il nous attendait. Il se présente :

— Bonsoir. Je m'appelle Patrick. Enchanté de vous revoir.

— Bonsoir. Moi, c'est Ana, et voici mon amie, Pascale.

Il nous invite à boire un verre. Patrick se montre plein d'entrain, très drôle. Nous passerons la soirée en sa compagnie. Avant de nous séparer, il m'invite seule à dîner, le samedi suivant. J'accepte, mais toujours au Casino, et non à Paris comme il le propose. Je tiens à garder le contrôle de la situation et à pouvoir rentrer à pied chez moi, en cas de nécessité.

La soirée se déroule agréablement. Il se confirme que Patrick est un beau parleur, un brin flatteur. Il n'hésite pas à se raconter.

Patrick a trente-huit ans. Ses parents ont dirigé une fabrique de talons pour chaussures en tout genre. Son père était en charge de la production, sa mère assurait le commercial. Dans l'entreprise comme dans le couple, la patronne, c'était Marcelle, une maîtresse femme, qui conduisait une Traction, ce qui, à l'époque, était plutôt rare. Son frère aîné, Jean-Claude, était associé à l'entreprise familiale. Ses parents étant trop accaparés par leur travail, Patrick a été élevé par sa grand-mère. Lui-même le reconnaît, la brave femme lui passait tous ses caprices. Il avait dix-huit ans quand sa grand-mère est morte. Ce fut un immense chagrin pour lui et il eut beaucoup de mal à s'en remettre. Bien qu'il n'ait pas fait d'études, il semble très cultivé et intelligent. Par la suite, il s'est marié, assez jeune, à vingt et un ans. De cette union est né un fils, David. Patrick est divorcé depuis deux ou trois ans. Il ne me cache pas que c'est sa femme qui a demandé la séparation, après avoir découvert qu'il entretenait une liaison de plusieurs années. Entretemps, il a ouvert des magasins dans Paris. Il a fait dans la chaussure italienne. Cela marchait bien, du moins au début. Il a dirigé jusqu'à six boutiques. Mais à présent, les affaires ne sont plus aussi flamboyantes qu'à ses débuts. Il ne lui reste plus que deux magasins dont il pense se séparer. Il a des projets. Il envisage de se reconvertir comme marchand de biens. Acheter des murs ou des fonds de commerce pour les revendre. Ce qui l'excite, c'est la négociation, pour laquelle il s'estime très doué.

Comme je travaille dans un cabinet d'administration de biens, je vais lui permettre de réaliser sa première opération immobilière : un immeuble est à vendre rue de Montmartre, dans le IIe arrondissement de Paris. Ce bien de trois étages est encadré de deux immeubles de cinq étages, ce qu'en jargon de métier nous appelons une « *dent creuse* ». Je mets Patrick en relation avec la propriétaire. Charmeur comme il sait l'être, il a vite fait de conclure avec elle. Six mois plus tard, il revendra à un promoteur immobilier qui rasera pour reconstruire un immeuble de cinq étages. Grâce à cette opération, Patrick gagnera beaucoup d'argent, avec lequel il ouvrira un magasin de vêtements pour femmes, rue de Belleville, dans le XXe arrondissement.

Il n'est pas du tout mon genre d'homme, et pourtant, au fil du temps, s'est tissée une merveilleuse histoire. Une histoire presque trop belle…

Mensonges et manipulation

Juillet 1989

Six mois après notre rencontre, nous décidons de nous marier. Enfin, c'est surtout Patrick qui y tient, car si cela ne dépendait que de moi, je patienterais encore un peu. Mais nous projetons de partir en vacances et il accorde une très grande importance à ce que les réservations d'avions, d'hôtels soient au nom de monsieur et madame Dubos. Je trouve cela un peu vieux jeu, et en même temps, un tantinet romantique. Je me laisse emporter par son entrain.

La veille du mariage, je ne suis nullement sereine. J'ai la vague sensation de commettre une erreur. Mais il est trop tard pour faire marche arrière.

Le lendemain, il est prévu que nous passions devant monsieur le maire à seize heures. À quatorze heures, nous ne sommes toujours pas prêts. Je suis à la boulangerie à choisir les petits fours quand je croise nos témoins, tout étonnés de me trouver là, en jean et baskets.

Le repas de mariage a lieu dans un restaurant de Saintry-sur-Seine, que Patrick a réservé pour une vingtaine d'invités. On ne peut pas dire que l'ambiance soit vraiment à la fête. Je ne saurais dire pourquoi.

Ce second mariage ne change rien à la garde de mes enfants. Kaya continuera de vivre chez son père et viendra chez moi le week-end et toutes les vacances scolaires. Quant à Emma, elle nous rejoindra à Charenton-le-Pont. Ma fille aînée s'entend plutôt bien avec Patrick. Un signe qui ne trompe pas : Emma rit beaucoup à ses plaisanteries.

La semaine qui suit le mariage, je vais récupérer mes affaires à Enghien, essentiellement mes papiers, des photos et divers bibelots auxquels je tiens. Je n'emporte aucun meuble, je les laisse à Pascale.

J'arrive à Charenton-le-Pont avec mes cartons. Je commence à les déballer. Patrick ouvre l'un d'eux, celui des photos. Il se met à les passer en revue. Il m'en tend une et il me demande :

— C'est qui, *ça* ?

— *Ça* ? C'est Laurent, mon neveu. Tu sais le cycliste, qui a vécu à la maison pendant cinq, six ans. Je t'en ai déjà parlé. C'est un peu le grand frère pour Emma.

— Mais c'est ton neveu de quel côté ?

— Eh bien… c'est le fils du frère de mon ex-mari.

À peine ai-je terminé mon explication qu'il renverse le carton de photos et me crie dessus :

— T'es pas gênée d'amener toute ton ex-famille chez moi !

— Mais enfin ? Ça va pas ou quoi ?! Qu'est-ce qui te prend ?! Je ne comprends pas. Ce n'est pas mon ex-mari que je t'impose. C'est simplement la photo d'un gosse qui a vécu à la maison. Pourquoi voudrais-tu que je le renie ?

Pour toute réponse, je reçois une gifle magistrale. Ma tête fait un demi-tour, je recule, il me fait peur, il attrape une chaise et la jette sur moi, j'ai juste le temps de l'esquiver, mais le dossier heurte ma mâchoire. Et puis plus rien. Je ne sais pas ce qui a suivi…

Quand je me réveille, je suis dans le lit. Il est à mes côtés. J'ai une notion confuse du temps. Je lui demande :

— Il est quelle heure ? On est quel jour ?

— Mardi.

— Quoi ?! Mais il faut que j'aille travailler…

— Non. J'ai téléphoné à Gabrielle pour la prévenir que tu ne viendrais pas pendant deux ou trois jours, que tu n'étais pas en forme.

Je n'ai pas la force de le contredire, et pour cause : j'ai un œil au beurre noir, la mâchoire gonflée et je me sens pleine de courbatures.

J'ignore ce qui s'est réellement passé du samedi au mardi, Pour ce qui est de mon carton, il a disparu. Il a tout jeté, toutes les photos de mes filles. Je suis inconsolable.

Je retourne au bureau avec des lunettes de soleil sur le nez. Je raconte à Gabrielle, ma collègue de travail, que je suis tombée dans les escaliers de la cave. Je ne sais pas si elle m'a crue.

Un mois plus tard, je recevrai une facture d'un ambulancier me réclamant 900 francs pour mon transport à l'hôpital de Créteil, effectué ce week-end-là. Il a toujours nié savoir d'où provenait cette facture.

Les mois qui suivent sont plus apaisés. Nous avons bien quelques disputes, mais sans que celles-ci ne dégénèrent.

À ce moment-là, je travaille à mon compte. L'un de mes plus importants clients est un cabinet d'administration de biens dont les bureaux sont situés boulevard Saint-Germain, dans le VIe arrondissement. Ce cabinet a été fondé par monsieur Mercier. Une partie de ma tâche consiste à mettre la comptabilité ainsi que la gérance sur informatique. J'aime mon travail et je m'entends à merveille avec Gabrielle, ma collaboratrice, qui a en charge les réunions de copropriétaires, les assemblées avec les propriétaires des immeubles en gestion locative… Nous formons une belle équipe toutes les deux. J'apprécie nos déjeuners au *Danton*, place de l'Odéon. Nous y avons nos habitudes, le serveur est aux petits soins avec nous. J'ai de l'admiration pour cette femme qui a treize ans de plus que moi et qui a élevé la fille de son compagnon qui était veuf. Et cependant, je n'ose pas me confier à elle, je ne parviens pas à lui raconter ce que je suis en train de vivre.

Les crises ont repris de plus belle au sein de mon couple. Désormais, une étincelle peut déclencher une dispute, parfois d'une extrême violence. Pourtant, je fais tout mon possible pour ne pas le contrarier, ne pas le contredire, mais pour un rien, il se met en colère, il devient jaloux. Il a fini par instaurer un climat de tension permanente.

Un après-midi, je travaille dans une entreprise familiale d'Ozoir-la-Ferrière, que dirige un couple. Il est quatorze heures quand je l'ai au téléphone :

— Tu quittes ton travail tout de suite et tu rentres à la maison !

— Mais enfin, ce n'est pas possible. Tu sais très bien que je suis à Ozoir, chez un client. J'en ai pour l'après-midi avec la T.V.A. de sa société.

Il me rappelle cinq minutes plus tard :

— Je te préviens ! Si tu ne fais pas ce que je te dis, je te dénonce auprès de la femme du patron. Ah, tu feras moins la fière quand elle va apprendre que la comptable couche avec son mari !

Je raccroche, sans croire un instant qu'il puisse mettre une telle menace à exécution. Quinze minutes plus tard, la sœur de la patronne entre dans la pièce. Elle semble très embarrassée. Elle prend soin de refermer la porte derrière elle :

— Ana, il y a un souci. Un monsieur vient d'appeler. Il s'est présenté comme étant votre mari. Il a demandé à parler personnellement à la responsable. J'ai répondu qu'elle n'était pas libre, que j'étais sa sœur et que je pouvais prendre un message. Il m'a alors tenu des propos insensés, comme quoi vous coucheriez avec mon beau-frère. Je lui ai demandé qu'est-ce que c'était que cette histoire. Il a insisté. J'ai préféré couper court.

Son récit me glace. Je reste paralysée, incapable de réagir.

— Rassurez-vous, Ana. Je n'en crois pas un mot. D'ailleurs, je n'en ferai même pas part à ma sœur. Mais je tenais quand même à vous prévenir.

Je suis pétrifiée de honte, incapable de continuer à travailler. Je quitte les lieux.

Monsieur Mercier est à présent trop âgé pour gérer correctement son cabinet. La Caisse de garantie ne veut plus lui apporter sa caution, ce qui, à terme, signifie qu'il ne pourra plus exercer la profession. L'idée de devoir quitter ses bureaux panique le vieux monsieur. Je propose à Gabrielle que nous rachetions le portefeuille. Ma proposition l'enthousiasme. Quant à monsieur Mercier, il accepte d'autant plus notre offre que nous lui permettrons de poursuivre ses affaires personnelles dans nos futurs locaux situés à Nation, dans le XIe arrondissement, et que nous allons louer à… mon mari. J'ignore si cela a un rapport de cause à effet, mais j'observe que durant cette brève période, il se montre moins agressif à mon égard.

Septembre 1990

Je suis enceinte. Il paraît heureux de la nouvelle. Si c'est un garçon, je veux un prénom qui fasse sérieux. J'hésite avant d'opter pour Charles. L'avenir semble de nouveau radieux…

Un week-end sur deux, Emma le passe chez son père, à Enghien-les-Bains où celui-ci a repris un restaurant. Il propose à notre fille d'y tenir le stand de glaces. À la fin du week-end, il la rétribue royalement d'un billet de 500 francs. J'essaie de faire comprendre au père que c'est une somme disproportionnée pour le travail effectué et bien trop élevée pour une gamine. Mais Yan n'en fait qu'à sa tête. Il a trouvé là le moyen de gagner l'affection de sa fille. Et d'ailleurs, ça marche, puisque, désormais, tous les week-ends, Emma demande à aller chez son père. Patrick saisit l'occasion pour décréter que si ma fille est à Enghien chaque week-end, alors il n'est plus question qu'elle vive avec nous à Charenton le reste de la semaine. Je tente d'expliquer à Emma que si elle persiste à vouloir passer tous les week-ends chez son père, elle ne pourra plus habiter ici, sans lui préciser qu'il s'agit d'une décision unilatérale de Patrick. Mais rien n'y fait, ma fille maintient son choix, et lui se montre inflexible.

Emma doit faire sa valise. Le jour où la porte se referme derrière ma fille, je m'écroule en sanglots, sachant que je ne la reverrai pas avant longtemps.

Il ne me reste plus que Kaya, que je reçois un week-end sur deux. Mais cela semble encore trop pour lui.

Avant notre mariage, je n'avais relevé chez lui aucune animosité particulière à l'égard de mes enfants. Si cela avait été le cas, je ne me serais pas mariée. À présent, il n'en est plus de même, mais j'ignore quels sont ses griefs. C'est probablement à partir du moment où il s'en est pris à mes enfants, que je me suis révoltée. De nature, je ne crois pas être une femme soumise, ni passive. Je suis incapable de rester sans réagir. J'ai bien l'intention de répliquer à ses injustices, à sa violence. Je veux me venger du mal qu'il me fait. D'une certaine façon, je me laisse contaminer par lui puisque, à mon tour, je veux l'atteindre dans ce qui lui est cher. Mais fort heureusement, ce à quoi il est attaché, ce ne sont pas des personnes – ce qui me poserait problème –, mais des choses bassement matérielles, comme son petit confort personnel, son intérieur, son mobilier, sa décoration... Et puisqu'il ne supporte pas les taches sur la moquette, il va être servi.

Un midi, sans me demander mon avis, il décrète que nous allons rentrer à la maison pour déjeuner. Je prépare le repas, steak et haricots verts. Pour une raison que j'ai oubliée, il fait valdinguer son assiette, laquelle se brise. Il m'ordonne :

— Ramasse.

Mais au lieu de me mettre à genoux, je saisis la bouteille de vin rouge et, sous son regard médusé, je la vide sur la moquette. L'effet de surprise passé, il va pour me gifler, mais j'ai anticipé en protégeant ma tête de mes deux bras. Il répète en hurlant :

— Ramasse !

Je cours à la cuisine où je m'empare de la bouteille d'eau de Javel et je reviens la déverser sur la moquette et je lui jette le bidon vide au visage. Je n'attends pas que les coups pleuvent, je me précipite vers la porte. La fuite est l'ultime issue.

Il a donc renoué avec la violence. Non seulement cette violence ne va plus le quitter, mais elle ira crescendo. Il va se montrer en effet de plus en plus menaçant et dangereux. Il va recourir à une gamme variée d'agressions. Si j'essaie de me remémorer comment cela a commencé, je dirais que cela a débuté par de simples bousculades auxquelles je n'ai pas voulu prêter attention. Après les bousculades, il en est venu aux gifles, assénées avec force. Celles-ci s'accompagneront de l'envoi de projectiles de toutes sortes, ce qui lui tombera sous la main. Puis, il n'hésitera pas à me donner de violents coups de pied, debout, à terre, et alors que je suis enceinte. Enfin, il me menacera plusieurs fois, un couteau sous la gorge, un fusil de chasse braqué sur moi... Cette panoplie d'agressions s'accompagnera d'humiliations mentales, de dégradations psychologiques...

De mon côté, je tente d'adopter un comportement qui puisse désamorcer cette violence qui ne demande qu'à surgir. Par exemple, je veille scrupuleusement à quitter le bureau au plus tard à dix-huit heures, sinon je le sais, cela risque de dégénérer à la maison. Ces derniers mois, je suis parvenue à rentrer à l'heure. En fait, je me rassure avec des illusions.

Ce soir-là, la faute aux embouteillages, j'arrive à dix-neuf trente à notre domicile. À peine ai-je franchi le seuil du salon que je reçois une gifle de toute volée. Dans ma tête, une voix me dit : « *Pars. Pars tout de suite, tu ne peux pas le raisonner. Il est en phase agressive.* » Sans plus réfléchir, je me précipite vers la porte et je dévale les escaliers pour regagner le parking. Lui a pris l'ascenseur. Je monte dans ma voiture, je démarre, et c'est à ce moment-là qu'il arrive sur son scooter pour me bloquer, mais je force le passage en heurtant l'avant de sa Vespa, ce qui le déstabilise, mais insuffisamment pour le faire tomber. J'en profite pour donner un violent coup d'accélérateur. Je sors du parking souterrain. Où aller ? Je ne vois pas d'autre solution que le domicile de mes parents. J'arrive à l'embranchement du périphérique lorsque, dans le rétroviseur, je l'aperçois. La circulation est assez fluide, une course poursuite s'engage. Je prends beaucoup de risques, je change constamment de file. Je suis morte de peur, non pas de rouler comme une Fangio, mais à l'idée de ce qui m'attend si jamais il réussit à me rattraper. Je sors à la porte de Paris, je rejoins le carrefour Pleyel pour ne pas emprunter le chemin habituel. Arrêtée au feu rouge, soulagée de l'avoir enfin semé, les yeux embués de larmes, je prends la mesure de mon échec. Je n'ai pas réussi à apaiser la situation plus de trois mois. Tout est à recommencer. C'est un malade, et je suis seule face à lui.

Je suis plongée dans mes réflexions désespérées, quand un bruit fracassant me fait bondir. Il est là, une clé à molette dans une main, et il frappe comme un forcené sur la vitre côté conducteur. Heureusement, le feu passe au vert, je redémarre et je donne un coup de volant pour tenter à nouveau de déstabiliser son scooter. Cette fois, je parviens à lui échapper.

J'arrive au domicile de mes parents, je ne sais plus très bien comment. Je n'ai pas besoin de leur expliquer ce qui m'arrive. Depuis peu, ils sont au courant de ma situation et de l'enfer qu'il me fait vivre.

Nous nous enfermons à double tour. Apparemment, il ne m'a pas suivie jusqu'ici. Je suis soulagée, je commence à reprendre mon calme. Après le dîner, je juge préférable de rester dormir chez mes parents. Je m'allonge sur le canapé, dans la chambre de ma mère.

Il est vingt-deux heures quand, soudain, retentit un bruit à l'extérieur. Avec ma mère, nous nous levons pour aller dans le couloir et regarder par la fenêtre. C'est alors que retentit un fracas de vitre, un objet traverse le couloir et vient atterrir à nos pieds. C'est sa signature, une clé à molette.

Après avoir ramassé les bris de verre et calfeutré la fenêtre, nous retournons nous allonger. Épuisée nerveusement, je ne parviens plus à trouver le sommeil.

Vers trois heures du matin, dans un demi-sommeil, j'entends une sonnerie. Je me lève, je jette discrètement un œil par la fenêtre de la chambre, et je vois, sous le réverbère, un homme avec une sacoche. J'ouvre la fenêtre et je lui demande ce qu'il veut à cette heure de la nuit. Il me répond qu'il est médecin à SOS Médecins et qu'on l'a appelé pour une urgence à cette adresse. Je lui explique que, malheureusement, c'est une mauvaise blague, qu'il n'y a personne de malade ici. Il repart furieux.

Je me recouche, mais impossible de me rendormir. À cinq heures, je descends prendre un café. Puis, je me prépare à aller travailler, la boule au ventre.

Malgré ma complicité avec Gabrielle, je ne parviens toujours pas à me confier à elle.

Le plus difficile, ce n'est pas de reprendre le chemin du travail, mais celui du domicile conjugal.

Pourtant, c'est un tout autre homme qui m'attend. Aussi incroyable que cela puisse paraître, il se montre gentil, prévenant. Il en est déconcertant, désarmant. Il va jusqu'à m'offrir des fleurs, des cadeaux. Il est en larmes et il me demande de lui pardonner. Il se montre même lucide sur sa propre violence, sans toutefois savoir jusqu'où celle-ci pourrait l'entraîner. Mais il me jure que cela ne se reproduira plus...

Les premières fois, je l'avoue, je me suis apitoyée sur son sort.

Mais les mêmes scènes, les mêmes psychodrames, les mêmes agressions se répétant à la fréquence d'une fois par semaine, je n'aurai pas d'autre issue que de mettre un terme à cette vie qui n'en est pas une. Je n'ai pas l'âme d'une masochiste. Et vous Patrick Dubos, qui êtes-vous réellement ? Docteur Jekyll et Mister Hyde ? Le savez-vous seulement ?

Ce soir-là, je suis seule au bureau. Gabrielle est partie depuis un moment. Je l'ai prévenu que je rentrerai plus tard, je dois terminer les avis d'échéance pour pouvoir les expédier demain matin, dernier délai. Il est dix-huit heures trente. Il me reste encore une petite heure de travail. Tout à coup, la porte s'ouvre. C'est lui. Il pénètre dans le bureau et il me demande d'un ton accusateur :

— Tu attends ton amant ?

Je pâlis à l'idée qu'il me fasse une crise. Que lui répondre pour ne pas attiser sa rage ? La vérité ne lui suffit plus car elle ne lui convient plus. Il a besoin d'autre chose, d'un combustible pour alimenter sa haine.

Il me gifle, je me retiens de crier et encore plus de répliquer à ses coups. Je sais qu'un affrontement serait préjudiciable à mon (à notre ?) bébé. C'est à lui que je pense. Des larmes coulent sur mes joues. Il a compris que cette fois je me refusais à entrer dans son jeu pervers de la dispute, de l'affrontement. Devant ma passivité, il me fait tomber de ma chaise. Je choisis de ne pas bouger, ni même de me relever. Sitôt debout, il me ferait tomber à nouveau. Je reste donc immobile, recroquevillée en chien de fusil pour protéger mon ventre. Un violent coup de pied dans les reins m'arrache un hurlement. J'ai mal. J'appelle au secours. Craignant que mes cris n'attirent l'attention des passants, il va se cacher dans le bureau d'à côté. Je profite de ce moment pour prendre mon sac et mon manteau et m'échapper du bureau.

Sur le boulevard, j'essaie d'accélérer le pas. Je me rassure en pensant qu'avec cette affluence, il n'osera pas m'agresser. S'il le faisait, des passants interviendraient. Je m'arrête à hauteur du magasin d'objets en bronze où j'ai pour habitude de contempler en vitrine la statuette d'une fillette sur une chaise, toute triste. Elle me rappelle ma petite Kaya. Cette fois, je le fais pour me donner le courage de continuer à me battre. Je repars. Je me répète que je suis enceinte, que s'il vient à me frapper, on me portera secours…

J'arrive à Nation. Je souffre du bassin, du bas du dos. J'appelle un taxi et je lui donne l'adresse de mes parents où je vais, une nouvelle fois, me réfugier.

Le lendemain matin, à neuf heures, je suis au bureau. Là encore, je veux croire que la présence de Gabrielle me protégera, qu'il ne se montrera pas aussi violent devant elle. Je me dépêche de finir mes avis d'échéance pour les expédier au plus tard à quatorze heures. Je suis dans un état peu présentable, j'ai les yeux gonflés, je porte les mêmes vêtements que la veille. Je prends prétexte d'être en retard dans mon travail pour ne pas déjeuner avec Gabrielle et ne pas avoir à… m'expliquer.

Cela ne fait pas deux ans que je suis mariée avec lui et je ne vois pas d'autre issue que de le quitter. Mais le mariage m'empêche de rompre les liens du jour au lendemain. Et un divorce va nécessiter beaucoup trop de temps. Avant de l'obtenir, j'aurai l'occasion de mourir plusieurs fois. Je dois organiser mon départ, mais seule, je crains d'échouer. Je ne vois guère que Gabrielle qui puisse m'aider. Je me décide à tout lui raconter. Elle n'a aucun mal à me croire, elle qui me voit dépérir à vue d'œil. Elle est tout de même effrayée par mes confidences :

— Tu aurais dû m'en parler avant. J'aurais pu t'aider.

Elle dit m'approuver et me soutenir dans ma volonté de mettre le plus de distance possible avec mon bourreau afin qu'il ne puisse plus m'atteindre. Cela suppose deux déménagements effectués à son insu, celui du domicile et celui de notre cabinet. Nous allons commencer par le plus difficile, le cabinet dont il est propriétaire du fonds et qui se trouve au rez-de-chaussée de ses bureaux. Au préalable, il nous faut trouver, en toute discrétion, un nouveau local. Nous devons en informer monsieur Mercier à qui nous prêtons une pièce pour ses affaires. Il n'y voit aucun inconvénient. Patrick ne lui a jamais plu, il lui fait même un peu peur. Une fois que nous aurons déménagé, nous lui adresserons une lettre de résiliation du bail, accompagnée d'un règlement pour compte de tout solde. Ainsi nous ne lui serons plus redevables de quoi que ce soit et il n'aura aucun recours. La réussite de l'opération est conditionnée au fait qu'il n'en sache rien, qu'il ne se doute de rien. Pour ma part, je ne pourrai entreprendre aucune démarche, aucune recherche, car il me surveille constamment.

Gabrielle se met aussitôt en quête d'un nouveau bureau. Il ne lui faut pas longtemps pour trouver un local, situé rue de Fécamp, dans le XIIe arrondissement. Il y a quelques travaux à y faire, installer notamment une grille de protection, et le tour sera joué.

Nous pouvons envisager la phase suivante, la plus délicate, le déménagement à proprement parler. Il devra, de bout en bout, être effectué en l'absence de mon persécuteur. Il est exclu que j'y participe. Mon rôle sera de le retenir le plus longtemps possible à la maison. Gabrielle pose des conditions très strictes au déménageur, démarrer dès sept heures du matin, et n'avoir qu'à charger le camion, les cartons ayant été préparés la veille.

Le jour J, bien que réveillée de bon matin, je m'attarde au lit. Mais voilà que, contrairement à ses habitudes, il se lève plus tôt. Se peut-il qu'il ait eu vent de ce qui se trame ? Je me lève et je vais préparer le petit-déjeuner en prenant amplement mon temps. Après avoir avalé son café, il file dans la salle de bains.

Quand il réapparaît, il est prêt à partir. Un œil à la pendule, huit heures quarante. Le déménagement ne doit pas être fini. J'essaie de le retenir :

— Tu es bien matinal, ce matin. Tu as quelque chose de prévu ?

— Non, rien de spécial. Sinon d'aller au bureau.

Ses derniers mots me rendent fébrile. Je reviens à la charge :

— Mais qu'est-ce que tu as à faire au bureau si tôt ? Pour une fois que je suis à la maison. J'ai prévenu Gabrielle que j'avais besoin de me reposer un peu. Tu pourrais en profiter, toi aussi.

— Non. J'ai envie d'y aller maintenant.

Si j'insiste, je vais finir par éveiller ses soupçons.

Il est huit heures cinquante quand il claque la porte. De la fenêtre, je m'assure de le voir partir, avant d'alerter Gabrielle :

— Il arrive. Il vient juste de partir en scooter. Dans quinze minutes, il est au bureau. Vous en êtes où ?

J'entends Gabrielle qui s'adresse à monsieur Mercier :

— Partez tout de suite, monsieur Mercier. Il arrive… Écoute Ana, on n'a plus que deux hauteurs de casiers à charger dans le camion et c'est bon. Je ferme le bureau et je prends le métro. On a réussi Ana ! Tu m'entends ? On a réussi !

Pourvu qu'elle dise vrai.

Vingt minutes plus tard, le téléphone sonne. Je sais pertinemment qui appelle. Je prends une longue respiration avant de décrocher :

— Qu'est-ce que c'est que ce bordel ?!

— Mais… Mais de quoi tu parles ?

— Il n'y a plus rien dans les bureaux.

— Comment ça, il n'y a plus rien ?

— Il n'y a plus de bureau, plus de dossiers, plus de chaises, plus personne.

— Attends, mais qu'est-ce que tu racontes ? Je ne comprends absolument rien.

— Tu n'étais pas au courant ?

— Mais au courant de quoi ? Mais explique-toi enfin !

— C'est ton associée ! Elle a tout déménagé ! Elle t'a fait un petit dans le dos.

— Quoi ?! Mais c'est pas possible !

— Je te dis qu'elle a tout déménagé !

— Mais c'est pas possible… Si elle a osé me faire ça, il va falloir qu'elle s'explique ! Elle l'a peut-être oublié, mais on est à 50/50 dans cette affaire. Ah, mais je comprends mieux maintenant pourquoi je n'arrivais pas à la joindre. Mais je te garantis que ça va barder ! Bon, j'arrive.

— Non, pas la peine. Ça sert à rien. Qu'est-ce que tu vas faire ? Non, c'est moi qui rentre, et toi, tu ne bouges pas.

Je raccroche en tremblant. Je ne jurerais pas l'avoir convaincu. Je pressens l'interrogatoire qu'il va me faire subir. Il va me falloir jouer serré.

Naturellement, il revient furieux :

— Tu le savais ! Ne me prends pas pour un con !

— Mais non, enfin ! Je ne savais pas. Je suis encore toute retournée de ce qui se passe. Je te signale quand même que c'est aussi mon cabinet et je suis incapable de dire où il se trouve à présent. C'est une histoire de dingue ! Ce n'est pas possible, il va falloir qu'elle s'explique. Et vite. Je n'aurai jamais cru Gabrielle capable d'une chose pareille.

Je vois bien qu'il doute. Il n'arrive pas à savoir si je suis ou non mêlée à ce complot. De toute façon, que peut-il faire ? Il est mis devant le fait accompli. Nous n'avons pas détérioré les locaux, et bientôt il recevra un courrier en règle.

En ayant déménagé ainsi à la cloche de bois, nous le privons de l'un de ses terrains de chasse. À l'avenir, il n'aura plus le double des clés de nos locaux, il ne pourra plus venir fouiner dans nos affaires en notre absence, ainsi que je le soupçonne de l'avoir fait à plusieurs reprises.

Avec Gabrielle, nous étions convenues qu'elle me rappellerait pour me donner des « explications ». Elle me téléphone dans l'après-midi.

Je branche le haut-parleur pour lui prouver que je n'ai rien à lui cacher et surtout que je ne suis pas de mèche. Je feins la colère :

— Gabrielle ! Comment as-tu osé me faire ça ?! Ce matin, quand Patrick m'a dit que tu avais déménagé le bureau, je n'ai pas voulu le croire. Tu as osé faire ça sans même m'en parler ?! Tu aurais pu au moins me demander mon avis ! Je te rappelle que nous sommes associées 50/50.

— Écoute Ana. Je comprends que tu sois en colère contre moi, mais si je l'ai fait, ce n'est nullement dirigé contre toi. Depuis quelque temps, il y a beaucoup trop d'animosité dans le comportement de ton mari. Et cela se ressent dans l'ambiance au travail. On ne pouvait plus continuer comme ça. Quand des propriétaires passaient au bureau, l'atmosphère était tendue. Tu ne t'en es peut-être pas rendu compte, mais cela devenait préjudiciable à notre affaire. Et si je ne t'en ai pas parlé, si j'ai pris cette décision seule, c'est parce que je savais que tu aurais refusé. Encore une fois, je l'ai fait uniquement pour sauver notre cabinet. Ma décision ne change en rien notre association ni notre collaboration. Quant à Patrick, il recevra un courrier avec les loyers de plusieurs mois. C'est parti ce matin.

— Gabrielle, je te répète que je n'apprécie pas du tout ta façon de faire et qu'en tant qu'associée, tu te devais de me tenir informée de ta décision. Moi, je ne suis pas aussi sûre que toi qu'elle ne sera pas sans conséquence sur l'avenir du cabinet. Et alors, le cabinet, il se trouve où maintenant ?

— Quand j'aurai tout réinstallé et que j'aurai obtenu une ligne téléphonique, je te communiquerai tout ça. Ne t'inquiète pas, tu n'auras à t'occuper de rien. Je m'en charge. Bientôt, tu pourras reprendre le travail.

— J'espère bien. Salut.

Je raccroche. Il se tient dans mon dos. Je me tourne vers lui :

— Tu as entendu. Et tu as vu ça ? Elle me prend pour sa salariée ! C'est dingue, je n'en reviens pas. Je n'aurais jamais cru ça d'elle.

Il ne dit mot. Il repart en claquant la porte.

Je peux enfin souffler. Sans nous flatter, je pense qu'avec Gabrielle, nous avons assuré, elle dans son rôle de dirigeante abusive, moi dans celui de la partenaire scandalisée. Jusque-là, tout se déroule comme nous l'avions prévu. Nous n'avons commis aucun faux pas, aucune erreur… Quelque chose me dit, malgré tout, que nous ne devons pas crier victoire trop vite.

Le lendemain, je quitte l'appartement alors qu'il dort encore. Hier soir, comme à son accoutumée, il a pris des somnifères. Je lui laisse un mot comme quoi je ne rentrerai que ce soir.

Quand j'arrive rue de Fécamp, Gabrielle est déjà là, en train de déballer les derniers cartons. Nos yeux se croisent, un large sourire éclaire nos visages, nous nous prenons dans les bras. Nous avons l'impression d'avoir réussi une mission audacieuse. L'idée qu'à l'avenir, nous ne dépendrons plus de lui, que nous ne serons plus sous son regard soupçonneux et inquisiteur, nous procure un sentiment d'indépendance, de liberté retrouvée. L'effusion de joie passée, je me joins à Gabrielle pour le rangement.

La journée s'écoule dans la bonne humeur. Mais vers dix-sept heures, je sens une angoisse monter en moi. Il me faut songer à rentrer.

En chemin, je me répète à moi-même le rôle que je vais devoir tenir, celui de la femme indignée, très remontée contre Gabrielle. Le plus difficile sera de lui faire admettre qu'en tant qu'associée, je n'ai pas le choix, je dois accepter ce déménagement.

Il est à l'appartement, qui m'attend. Bien sûr, il s'empresse de me réclamer l'adresse. Et je ne peux pas faire autrement que de la lui donner. Pour le téléphone, il devra patienter, ce qui est vrai. Il exige également les clés du bureau. Je trouve un prétexte pour les lui remettre plus tard, mon intention étant de ne jamais le faire. Il me paraît étonnamment calme, ce qui n'est pas forcément pour me rassurer. J'écourte la conversation, je disparais dans la cuisine où je vais préparer le dîner.

Il est resté dans le salon où il regarde son émission favorite, *Que le meilleur gagne,* animée par Nagui. Pour l'instant, tout semble aller pour le mieux. Mais au moment de passer à table, il m'annonce qu'il ne dînera pas avec moi :

— J'ai une course à faire.

Il prend ses clés de scooter et sort. Habituellement, dans ces cas-là, je ne suis pas mécontente, son absence étant synonyme de soirée tranquille. Mais ce soir, je me demande s'il ne serait pas en train de mijoter un mauvais coup. Je me couche vers vingt-deux heures, fatiguée de ma journée.

Vers minuit, je l'entends qui rentre. Je fais semblant de dormir. Il se couche sans dire un mot. Je reste sur mes gardes. Je verrai demain.

C'est la sonnerie du téléphone qui me réveille. Il est sept heures trente. Je décroche. C'est Gabrielle, affolée :

— Quelqu'un a mis de la colle forte dans la serrure de la grille. Je ne peux pas ouvrir le bureau. J'ai appelé un serrurier qui ne devrait pas tarder.

— J'arrive tout de suite.

Lui se réveille et me demande :

— Qu'est-ce qui se passe ?

— Rien.

Je n'ai aucune preuve, et pourtant, je n'ai aucun doute. Je sais que c'est lui qui, hier soir, est allé obstruer la serrure. Cela lui ressemble tellement. Cela est si conforme à sa mesquinerie, à sa médiocrité. Mais je ne veux pas lui donner cette satisfaction, celle de me voir en colère. Je ne veux pas lui faire ce plaisir, celui d'une dispute. Ce serait tomber dans son traquenard.

Je prends ma douche, je m'habille et je pars directement pour le bureau.

Quand je suis sur place, le serrurier est déjà reparti. Il a fallu changer la serrure. La note est salée : 2 000 francs. On a beau savoir que la facture passera dans les frais généraux, on enrage. Je fais part de mes soupçons. Gabrielle a l'élégance de ne rien dire, sans doute pour ne pas m'embarrasser. Pour oublier ce tracas, nous nous mettons aussitôt au travail. Avec le déménagement, l'installation, la réorganisation, nous avons pris du retard. C'est une période chargée, avec les assemblées générales ordinaires, les procès-verbaux d'assemblées…

Le jour même, il fait son apparition dans nos nouveaux locaux. Il salue Gabrielle et vient s'installer sur la chaise en face de mon bureau. Il me demande :

— C'est pour qui cette chaise ?

— Elle est pour toi. Je me doutais que tu passerais faire ton inspection.

— Tu es ma femme, j'ai quand même le droit de passer quand je veux et le temps que je veux.

Je ne peux pas me retenir de trembler. Je pressens l'imminence de la dispute. Il est venu contempler le résultat de ses dégradations. S'il s'était imaginé qu'en obstruant la serrure de la grille, il nous empêcherait d'entrer et surtout de travailler, il s'est trompé. Il ne peut que constater l'échec de sa minable opération. Cela doit le frustrer terriblement. Je sais d'expérience que, dans ces cas-là, il ne se contrôle plus, sa violence peut éclater à tout moment. Je redoute qu'il ne mette le chambardement dans le bureau. Pour déjouer sa colère, je ne vois qu'un moyen. Je me lève de ma chaise tout en m'adressant à Gabrielle :

— Je vais déjeuner. Je reviens vers quatorze heures.

Il est obligé de faire de même. Seul face à Gabrielle, il n'a plus d'arguments pour faire un scandale. Mais pour combien de temps ? C'est toujours ça de gagné. Je veux épargner mon amie.

Je marche avec mon ventre énorme – j'en suis à plus de cinq mois de grossesse –, et je ne sais pas ce qui va m'arriver. Derrière moi, j'entends des pas, je me retourne, c'est un homme, mais à mon grand soulagement, ce n'est pas lui. Il me dépasse.

Une voiture arrive à ma hauteur, qui ralentit. Cette fois, c'est bien lui. Il baisse la vitre, et crie au passant qui est devant moi :

— Allez-y ! Vous pouvez la baiser !

Celui-ci s'arrête et se retourne.

— Allez-y ! Puisque je vous dis que c'est ma femme !

Les larmes aux yeux, je m'adresse à l'homme :

— Je suis désolée, monsieur. Mon mari n'est pas dans son état normal.

— Ne vous inquiétez pas, madame. J'avais compris.

Je fais demi-tour. La rue étant en sens unique, il ne peut plus me pister. Je retourne au bureau. Je m'assois derrière mon ordinateur et, sans dire un mot, je m'immerge dans le travail jusqu'au soir. Gabrielle a compris qu'il était préférable de ne pas me poser de questions.

Concernant mes filles, j'ai obtenu du juge de les recevoir à nouveau chez moi tous les quinze jours. Si lui ne peut pas s'opposer à cette décision de justice, il n'en garde pas moins un pouvoir d'entrave.

Au début, mon ex-mari doit déposer les enfants en bas de notre domicile. Puis, Yan ayant un empêchement, il me revient d'aller récupérer Kaya à la sortie de l'école et Emma au pied de l'immeuble de son père. Lui en profite pour imposer des consignes abusives qui n'ont pour objectif que de m'interdire de parler à mon ex-mari. Il a décrété que je ne devais plus lui adresser la parole, sinon pour l'invectiver. Je supplie Yan de « jouer le jeu », sans quoi je subirai des représailles. Au moment de partir chercher mes filles, alors que je suis sur le pas de la porte, il en est encore à me faire promettre que je respecterai à la lettre ses consignes.

Ce samedi, il est parti chez McDonald's commander un menu enfant pour Kaya et des big mac pour les adultes. Kaya, qui n'a alors que trois ans, se fait une joie d'avoir son repas avec la petite surprise.

De retour du McDo, il dépose sur la table les sacs que Kaya s'empresse d'ouvrir. Cette impatience d'enfant lui est insupportable. Il jette tous les sacs à terre en hurlant. Kaya se colle à mes jambes, terrifiée. Il va dans la chambre et il en revient armé de son fusil. Il balaie toute la pièce de son canon, en imitant le bruit d'une fusillade. Nous sommes terrorisées. Je dis à Emma d'emmener Kaya dans la cuisine. Sans même attendre qu'il l'exige et pour tenter de désamorcer sa fureur, je ramasse les sacs et la nourriture qui s'en est échappée. Je ne prononce aucun mot. Je retourne dans la cuisine, je mets à la poubelle ce qui a été souillé. Je réconforte mes filles comme je peux.

Je prends ma petite puce dans les bras pour tenter de la calmer. Elle est encore sous le choc. Je demande à Emma de récupérer dans les sacs ce qui peut l'être et de manger avec sa sœur. Je retourne dans le salon avec la ferme intention de l'empêcher d'accéder à la cuisine.

Quand il paraît enfin calmer, je vais prendre des nouvelles de mes filles. Elles sont parvenues, malgré tout, à manger. Je les conduis dans leur chambre. Je reste avec elles jusqu'à ce qu'elles s'endorment. Je fais des allers et retours dans le salon afin de prévenir toute nouvelle explosion de colère.

Cet autre week-end, veille de Noël, il a invité à la maison ses parents et des amis. Mes enfants doivent se joindre à nous. Il me propose d'aller les chercher. Je suis tiraillée : d'un côté, j'ai hâte de les voir, de l'autre, je suis mortifiée. Si Yan vient à se présenter à l'école ou à descendre de chez lui, il en profitera pour me priver de mes filles. Si je refuse sa proposition, il va me soupçonner de voir mon ex chaque fois que je passe les prendre. J'accepte.

Par la fenêtre, je m'assure de son départ. Je patiente encore un peu avant d'appeler Yan. Je le supplie de ne pas se rendre à l'école ni de sortir de chez lui. Il semble comprendre. Comme cela fait un moment que nous ne nous sommes plus parlé au téléphone, Yan prolonge la conversation. Au bout de plusieurs minutes, nullement rassurée, je préfère interrompre la communication. À peine ai-je raccroché que le téléphone sonne. C'est lui :

— Ça fait dix minutes que j'essaie de te joindre et c'est occupé ! Tu étais avec qui au téléphone ?

— Avec ma mère.

— J'arrive.

— Mais il faut prendre Kaya à l'école.

— On verra.

Il raccroche. Je suis en panique. Je rappelle Yan pour le prévenir :

— Il faut absolument que tu prennes Kaya à l'école. Je n'ai pas le temps de t'expliquer.

Je téléphone à ma mère pour la mettre au parfum :

— Maman, je n'ai pas le temps de t'expliquer. Mais si Patrick t'appelle, tu lui dis bien que j'étais avec toi au téléphone. Au moins dix minutes. Tu as compris ?

Je l'entends qui rentre, j'ai juste le temps de raccrocher. Je tremble. Mais il ne se préoccupe nullement de moi. Il va directement au canapé et il en retire un appareil coincé entre le coussin et l'accoudoir. Il me faut quelques secondes avant de comprendre qu'il s'agit d'un magnétophone. Il le met en marche. Il prend visiblement plaisir à m'en expliquer le fonctionnement :

— C'est vraiment un bon appareil. Figure-toi qu'il se déclenche automatiquement dès qu'il entend du bruit…

Je suis médusée. Mes yeux restent fixés sur la bande magnétique qui, après s'être rembobinée frénétiquement, se déroule à présent lentement, presque au ralenti… J'attends avec lui. Mais rien, on n'entend rien. Aucun son ne sort de cet appareil de délation. Coincé entre les coussins, le magnétophone n'a pas fonctionné. S'il ne peut cacher sa déception, j'essaie de ne pas montrer mon soulagement. Il me demande :

— Tu as eu ton ex au téléphone ?

— Mais non, enfin.

— Ne me prends pas pour un con ! Je t'ai appelée, c'était occupé !

— J'étais avec ma mère au téléphone.

— Très bien. Je vais appeler ta mère et on va voir si c'est vrai.

— Tu peux…

Je ne suis nullement rassurée. Avec ma mère, tout est possible. Elle a tellement vite fait de commettre une gaffe, du genre : « *Ah oui, Ana m'a appelée pour que je vous dise que j'étais au téléphone avec elle.* »

Il prend l'appareil, mais au lieu d'appeler en composant le numéro, il commet l'erreur de taper sur la touche Bis, et c'est donc bien ma mère qui décroche :

— Bonjour, je cherche Ana. Vous l'auriez vue ?

— Bonjour. Je ne l'ai pas vue, mais je l'ai eue au téléphone.

— À quelle heure ?

— On vient de raccrocher.

— Merci. Au revoir.

Il se tourne vers moi :

— Ta mère m'a dit que tu venais de raccrocher.

— Oui, comme elle n'a pas beaucoup d'appels dans la journée, quand elle dit que je viens de raccrocher, c'est dans l'heure qui vient de passer.

— Je suis sûr que tu as appelé ton ex.

— Non, je ne l'ai pas appelé. Mais, dis-moi, alors comme ça, tu mets des micros pour m'espionner. Je vois que la confiance règne. Tu dois avoir toi-même beaucoup de choses à te reprocher pour agir de cette façon. Mais fais ce que tu veux… Je te rappelle que tu avais dit que tu allais chercher mes filles…

— Finalement, j'ai décidé qu'on ne les prendrait pas à Noël. Tu n'avais qu'à répondre au téléphone quand je t'ai appelée. Ton ex se débrouillera avec elles.

Il sait combien j'attends ce jour avec impatience. Devant ses parents, je n'ai pas pu dissimuler ma joie à l'idée de les recevoir pour Noël, ce qui m'a valu sa tentative d'étranglement. Depuis un moment, il rumine le prétexte pour me priver d'elles. Il vient de le trouver.

Si je passe outre à son *diktat*, si j'impose mes filles malgré tout, je peux m'attendre à ce qu'il leur inflige le pire Noël de leur vie. Je suis anéantie. Je vais me coucher, sans un mot.

Le lendemain, je me comporte comme un automate. Je fais les courses pour le réveillon de Noël, mais je n'ai envie de rien. De retour à la maison, je prépare le repas. Je ne cesse de pleurer. Il surgit dans la cuisine comme un fou furieux, me saisit le bas du visage et il me menace :

— Regarde-moi bien. Tu n'as pas intérêt à faire cette tête-là ce soir alors que mes parents et mes amis se font une joie de passer la soirée avec nous. Tu as intérêt à sourire et à être joyeuse, sinon la prochaine fois que tes filles viendront, tu le regretteras.

Je ferai un effort surhumain pour masquer ma peine et ma douleur. Je sourirai, je rirai même à ses blagues déjà entendues des dizaines de fois. Pourtant, je crois que personne n'a été dupe.

Après l'épisode du magnétophone, je crois devenir paranoïaque. Dans ma voiture, je n'ose plus parler, de peur qu'il ait branché des micros.

Février 1991

Le jour de la Saint-Valentin, je suis alitée dans une chambre individuelle de la clinique de Grenelle, à Charenton-le-Pont. Enfin, je peux souffler un peu.

Une semaine auparavant, sans prendre rendez-vous, je me suis présentée au cabinet de la gynécologue pour un terrible mal aux reins. Dans la salle d'attente, des douleurs atroces me pliaient en deux. Vu mon état, le médecin m'a reçue en urgence. Elle a diagnostiqué une cystite. Mais en raison de ma grossesse de près de huit mois, elle ne pouvait pas me prescrire de médicaments trop forts. J'étais debout devant elle, je ne pouvais pas m'asseoir à cause des douleurs, je tournais en rond dans son cabinet comme un animal sauvage en cage. Soudain, j'ai cessé ma ronde, et là, face à elle, mon regard planté dans le sien, tel un torrent, je lui ai déballé ce que j'avais sur le cœur :

— Aidez-moi, je vous en supplie. Mon mari me fait vivre l'enfer. Au début de notre histoire, c'était le Prince Charmant. Mais depuis que nous sommes mariés, je ne le reconnais plus. Je suis perdue. Il est devenu méchant, brutal, tyrannique… Il me persécute en permanence. Il m'empêche de dormir la nuit. À peine je m'endors, il me réveille. Il m'oblige à répondre à toutes sortes de questions. Et toutes les heures, c'est la même chose. Le matin, alors que je suis épuisée, je me lève quand même pour aller travailler. Et si je le fais, c'est parce que je me sens plus en sécurité au travail qu'à la maison. Mais il continue de me harceler au téléphone, il débarque à mon bureau à n'importe quelle heure, pour m'intimider, pour me menacer… Et pour me frapper aussi. Cela dure depuis des mois. Je vis dans l'angoisse pour mon bébé. Je n'en peux plus. Je suis à bout de forces. Je vous en supplie, aidez-moi…

Devant ma détresse, cette femme trouve les mots qui me réconfortent :

— Rassurez-vous. Ici, vous êtes en sécurité. Et on va prendre soin de vous, et de votre bébé…

Elle marque un silence, avant de poursuivre :

— Voyez-vous, il se trouve que je connais un peu ce genre d'individus que vous venez de me décrire… Mon père a fait vivre la même chose à ma mère. Et elle en est morte. Elle n'a eu ni la force ni le courage de partir. Car il en faut pour réussir à se libérer d'un individu atteint de paranoïa avec double personnalité. À l'extérieur, il est d'agréable compagnie, il est même extraordinaire au point de faire l'admiration de tous. Mais dans l'intimité, il fait vivre l'enfer.

— Oui, c'est exactement ça.

— Comme je ne peux pas vous hospitaliser pour votre problème personnel, je vais le faire pour votre hypertension. Celle-ci nécessite et justifie une surveillance médicale. Donc, si vous en êtes d'accord, je vous garde avec nous.

Je n'ai pas su dire autre chose que :

— Merci docteur.

— Bien. Il est dix-huit heures trente. Prévenez tout de même votre mari que vous ne rentrez pas ce soir.

Dans mon malheur, j'ai eu la chance de m'adresser à une femme médecin qui, dans sa vie personnelle, a été le témoin de l'enfer qu'un homme peut faire vivre à une femme. Elle est allée jusqu'à se confier à moi pour me convaincre qu'elle me comprenait.

On m'installe dans une chambre. On me fournit un peignoir, une serviette et des produits de toilette.

Bien que confortablement installée dans ce lit d'hôpital, je ressens toujours des douleurs aux reins. Mais le seul fait que, cette nuit, je ne serai pas réveillée, la seule idée de savoir que je ne serai pas persécutée suffisent à me redonner un peu de moral.

Je téléphone à la maison. Il me répond :

— Qu'est-ce que tu fous ?! Il est dix-neuf heures !

— Je suis à la clinique de Grenelle. La gynéco m'a hospitalisée car je ne vais pas bien.

— Mais comment ça, t'es pas bien ?! Ce matin, tu allais bien, pourtant !

— J'ai de l'hypertension. Et c'est grave quand on est enceinte. Cela nécessite une surveillance médicale.

— Qu'est-ce que c'est encore que ces conneries ?! Je viens te chercher tout de suite, et crois-moi, tu vas sortir de là !

Il raccroche. J'appelle immédiatement pour prévenir la gynécologue de la réaction de mon mari et surtout de son intention de venir me chercher. Je l'en sais capable. En femme d'expérience, elle garde son sang-froid :

— Il est dix-huit heures cinquante. Je vais demander que l'on ferme la clinique un peu plus tôt. D'ordinaire, l'établissement ferme à dix-neuf heures. Cela ne devrait pas poser de problèmes. Soyez sans crainte.

Mais à peine dix minutes plus tard, une infirmière entre dans ma chambre et m'ordonne de m'habiller :

— Votre mari a réussi à entrer. Et il fait un scandale au premier étage. Allez vite dans le bureau de la gynéco !

J'enfile mon peignoir et je me précipite, autant que le permet mon état, au fond du couloir. Sans même frapper, j'entre dans le bureau de la gynécologue. Elle m'attendait. Elle a juste le temps de me désigner la porte de la pièce attenante derrière laquelle je vais me réfugier. Une poignée de secondes de plus, et il me surprenait. Il entre en trombe dans le bureau, en hurlant :

— Où est ma femme ?!

Crânement et calmement, la gynécologue lui fait face :

— Monsieur, veuillez sortir de ce bureau. Votre femme a été hospitalisée parce qu'elle a besoin de soins. Et ce n'est pas en vociférant comme vous le faites que je vais la laisser sortir. Votre femme est en danger et il est de mon devoir de lui porter assistance. Alors si vous ne sortez pas immédiatement, j'appelle les vigiles pour vous faire évacuer…

Derrière la porte, je tremble comme une feuille. Je retiens ma respiration haletante de peur de me trahir.

Il a fallu faire appel à deux vigiles pour le raccompagner jusqu'à la sortie.

Je rejoins ma chambre dans un tel état d'épuisement que je m'endors jusqu'au lendemain, à l'heure du petit-déjeuner.

Il est de retour, le matin même. Dès lors qu'il se comporte correctement, l'établissement ne peut lui interdire l'entrée. D'autant plus qu'il a eu l'habileté de m'apporter des affaires personnelles, ce qui laisse entendre qu'il aurait accepté mon hospitalisation. Il a eu la délicatesse de penser à mon jeu d'échecs électronique et à des revues pour que je ne m'ennuie pas. Touchante attention… Mais le vernis de sa duperie a vite fait de se craqueler. Il ne peut réfréner ses sentiments plus longtemps :

— Débrouille-toi de rentrer au plus vite. Il ne faut pas me prendre pour un con.

Je préfère ne pas lui répondre.

Le lendemain, il débarque dans ma chambre alors que je me livre à une partie d'échecs. Aujourd'hui, il a choisi de me présenter sa face d'amoureux romantique en m'offrant une quarantaine de roses rouges. En vérité, entre nous, c'est comme une seconde partie d'échecs qui s'engage. J'adopte son hypocrisie. Après l'avoir remercié, je retourne à mon jeu électronique. Mon attitude a pour effet de déchaîner sa colère. Il envoie valser mon plateau d'échecs dans la pièce, jette les roses à terre qu'il piétine d'une rage impuissante. Discrètement, je presse la sonnette. En un rien de temps, deux infirmières font irruption dans la chambre alors qu'il est toujours en train de s'acharner sur ces malheureuses fleurs. Elles lui demandent de sortir, sans quoi cette fois, c'est à la police qu'il aura affaire. Il s'exécute.

Quatre jours plus tard, la gynécologue a une mauvaise nouvelle à m'annoncer :

— Nous n'allons pas pouvoir vous garder plus longtemps uniquement pour de l'hypertension. Voulez-vous que je vous fasse transférer dans un autre hôpital sous X ? Vous pourriez y accoucher de même, sous X…

— Mais cela signifie que je ne verrai plus mes filles… Non, ça je ne le pourrai pas. J'aurais l'impression de les sacrifier. Et lui le sait très bien. Il le sait si bien qu'il ne les lâcherait pas d'une semelle, uniquement pour retrouver ma trace. Et voyez-vous, ça non plus, je ne peux pas : prendre le risque qu'il fasse du mal à mes filles. Docteur, je vous remercie pour tout ce que vous avez déjà fait pour moi. Mais votre proposition ne résoudra pas tous mes problèmes. Je crains même que tout mon entourage n'en pâtisse. Il y a aussi mon associée, Gabrielle. Je ne peux pas l'abandonner, la laisser seule avec la gestion du cabinet. Non, vraiment, cela risque d'atteindre trop de monde. Je dois assumer jusqu'au bout mes engagements.

Le lendemain, je suis à la maison. Ma résolution est prise. Une fois que j'aurais accouché, je ferai tout pour m'extraire de cet enfer.

La vie semble d'abord reprendre son cours. Je reste néanmoins en permanence sur mes gardes. Le matin, dès le lever, je feins d'être de bonne humeur. Je dis oui à tout, pour ne pas le contrarier, pour éviter que n'éclate sa colère. Je suis comme une éponge, j'absorbe tout, mais sans jamais rien dégorger. J'interprète un personnage qui est à l'opposé de moi. Un personnage non de comédie mais dramatique. Un rôle de tous les instants où la moindre erreur d'interprétation peut se payer cash.

Un mois, il me faut tenir ainsi encore un mois, jusqu'à l'accouchement, jusqu'à la délivrance.

Je lui laisse croire que Gabrielle ne sait rien de ma vie. Je ne veux surtout pas qu'il sache que je me confie à mon amie, sinon il s'en prendrait à elle aussi, et je m'en voudrais terriblement. Je vais même jusqu'à lui faire croire que cette femme m'insupporte, que seul le travail m'oblige à poursuivre notre collaboration. S'il savait qu'en vérité, Gabrielle reste ma seule et dernière amie… Au fil du temps et des crises, j'ai appris que les êtres que je chéris ne sont pour lui qu'un moyen de chantage et un sujet de persécution. Il ne perçoit les personnes qui me sont chères que comme des cibles potentielles de sa haine. J'ai fini par comprendre que lorsqu'il ne pouvait pas m'atteindre, c'est sur elles qu'il se rabattait. Alors, j'ai pris mes distances. Je l'ai fait dans le but de les préserver, de les protéger de sa violence. Ce qui a pour résultat de me couper de mes amis, de m'isoler socialement un peu plus.

Le 28 mars 1991, Patrick n'étant pas prêt à temps, je préfère me rendre seule à pied à la clinique de Grenelle. La maternité se trouve à cinq cents mètres tout au plus. On m'installe en salle de travail. L'anesthésiste s'apprête à me faire la péridurale quand il arrive. On lui demande de sortir, on n'a pas le temps de s'occuper des maris qui tournent de l'œil à la seule vue de l'aiguille impressionnante que l'on va me planter dans le bas du dos.

L'accouchement sera laborieux. Il faudra recourir aux forceps. Après quatre heures trente-cinq d'efforts, Charles vient au monde. Il a une marque sur la tempe et une sur le lobe de l'oreille, dues aux forceps, qui devraient disparaître.

Quatre jours après mon accouchement, je suis de retour à la maison. Pas vraiment sereine. J'ai déjà mis deux enfants au monde, et pourtant je suis démunie, désemparée, devant mon bébé. J'attribue mon comportement à ma crainte de susciter la jalousie du père. Le simple fait que je m'occupe de mon bébé peut devenir un prétexte à reproches. Je sais d'expérience que la moindre attention à quiconque peut lui être insupportable. Je suis obligée de me cacher pour donner de l'amour à mes enfants. Toute ma vie repose sur un mensonge.

La culpabilisation

Avec le temps, je me suis laissée emporter dans la spirale de sa violence qui n'a cessé de s'accélérer. Au début de notre mariage, les crises étaient espacées, de quelques mois, puis de quelques semaines. Désormais, il ne s'écoule guère plus de deux à trois jours sans que n'éclate un nouveau conflit.

La violence physique s'accompagne de violence psychologique. Il est passé à un stade supérieur, celui de la domination, de l'emprise mentale. Il veut me terroriser et m'humilier à la fois. Il ne se contente plus de laisser des empreintes physiques sur mon corps, c'est mon esprit qu'il entend marquer au fer rouge. Il me rabaisse plus bas que terre. Les insultes pleuvent :

— Ferme ta gueule, grosse vache !

— Avec ta gueule ridée, tu me fais penser à ta mère ! Casse-toi ! Je ne peux plus voir ta gueule !...

J'ai honte de moi, je me sens moche, sale, mauvaise mère… C'est de la torture morale, c'est violent et invisible à la fois. Ses attaques verbales, ses menaces engendrent un sentiment de dénigrement, de dévalorisation de ma personne. Cette violence psychologique affecte mon intégrité, ma confiance en moi-même et ma force vitale. Ses menaces de mort sur mes enfants, sur mes parents, me paralysent. J'analyse sans répit la situation au point que ma tête va éclater. Mon cerveau tourne comme le tambour d'une machine à laver.

Il me dénie toute liberté. Je suis sa propriété, je suis sa chose. Il contrôle toutes mes activités, chacun de mes déplacements. Dans la rue, je marche la tête baissée, qu'il soit présent ou pas. J'ai peur qu'il surgisse de nulle part. J'évite de croiser le moindre regard, de crainte de déclencher une scène de jalousie.

Personne ne peut comprendre ce que je vis. Il n'est pas toujours aisé de repérer, d'identifier cette violence. Ses agressions sont parfois sournoises, perfides. Et c'est un supplice de m'entendre dire par ses amis : « *Ana, ton mari est vraiment formidable* », alors que seulement quelques minutes auparavant, dans l'ascenseur, j'ai reçu une gifle magistrale.

Il y a bien eu pourtant des circonstances où notre entourage aurait pu s'alarmer. Comme lors de ces vacances passées chez Jean-Claude. Son frère tient désormais un restaurant et des chambres d'hôtes, à La Colle-sur-Loup, dans les Alpes-Maritimes.

Le soir, après le dîner, nous étions au salon. Il y avait là Jean-Claude, Laura, sa fille, Moumou, le cuisinier, un ancien de *Chez Edgar* à Paris, lui et moi. Nous étions en train de discuter, quand, soudain, je ne sais plus pour quelle raison précise, ou à la suite de quel propos anodin, j'ai perçu, dans son regard, sa haine, et j'ai compris qu'il allait, tel un fauve, bondir sur moi. D'instinct, je me suis levée et je me suis précipitée vers la porte-fenêtre ouverte. Il s'est élancé à son tour, il a sauté sur le canapé, enjambé le dossier… J'étais déjà à l'extérieur quand il a franchi la porte-fenêtre. J'ai profité de la nuit pour me cacher dans des buissons. J'entendais les voix de Jean-Claude, de Laura, qui ne comprenaient pas ni ce qui se passait ni la raison de sa colère contre moi. Ils ont tenté de le raisonner. Ils sont parvenus à le faire rentrer. Jean-Claude est ressorti et m'a appelée :

— Ana ! Tu peux revenir ! Tu ne crains plus rien !

Mais j'ai préféré me taire. Je ne me suis pas manifestée, j'avais trop peur. Jean-Claude est rentré à son tour. J'ai attendu que toutes les lumières soient éteintes dans la maison pour revenir, mon beau-frère avait pris soin de laisser la porte-fenêtre ouverte. Je me suis allongée sur le canapé jusqu'au petit matin.

Le lendemain, personne n'a fait la moindre allusion à cette scène. Comme si elle n'avait jamais eu lieu, comme si personne n'en avait été témoin. Je suis désemparée, seule.

Avril 1991

En général, il me conditionne une semaine avant la venue de mes filles. Il a recours à son chantage favori : si je n'obéis pas à ses ordres, il giflera Kaya dès son arrivée. Un danger permanent plane sur le bien-être, la sécurité, la vie de mes enfants. Et comme il n'est jamais satisfait de mon comportement, je redoute le pire.

Ce soir-là, ma fille Kaya est le sujet de ses fulminations. Il profère l'une de ses menaces devenues habituelles :

— Crois-moi, elle va regretter d'être venue voir sa mère, celle-là !

Il a son regard des mauvais jours, et ces jours-là, j'ai vraiment peur. Sauf que quand il s'agit de mes enfants, je suis capable de me rebeller. Je suis dans le bureau en train de me changer tout en ruminant en moi-même : « *Avant même l'arrivée de Kaya, il est déjà en train de me conditionner. Tout ça, pour que je me sente mal. Mais il va voir...* » Il me prend alors un coup de folie. Je soulève ma jupe, je retire ma culotte, et j'urine debout, sur *sa* moquette... Il me surprend, et pourtant il ne s'insurge pas. Il se contente d'ouvrir le placard d'où il extrait l'une de mes vestes, celle en lin blanc brodée que j'adore. Il vient jusqu'à la tâche. Mais au lieu d'exiger que j'essuie, il se baisse et il frotte vigoureusement la moquette se servant de ma veste comme d'une vulgaire serpillière. Moi non plus, je ne proteste pas. C'est que je ne me reconnais pas. Jamais je ne me serais crue capable d'agir ainsi. Je me dis que je suis en train de devenir folle. D'ailleurs, souvent il me le répète :

— Tu es folle, ma pauvre ! Il faut consulter. Tu devrais prendre un peu de Prozac, cela te ferait du bien.

Nous sommes le week-end où Kaya doit venir seule, sans sa sœur.

Il ne va pas frapper ma fille de quatre ans dès son arrivée et ainsi qu'il avait menacé de le faire durant toute la semaine. Non, pas à son arrivée, mais dans la demi-heure qui suit, il lui administre une claque qui projette la tête de Kaya sur la table basse en verre. Je prends mon enfant dans les bras en hurlant. Je l'examine, elle pleure bien sûr, mais sa vie ne paraît pas en danger. Dieu merci, elle a juste une éraflure sous l'œil. Je saisis le téléphone et j'appelle la police. Aussi étonnant que cela puisse paraître, il me laisse agir, il ne cherche même pas à s'opposer à moi. Il a compris que, dans ces cas-là, je suis comme un animal qui défend son petit. Il sait donner des coups, mais il redoute d'en recevoir.

Il n'est plus question de passer le week-end dans cet appartement. Je rassemble quelques affaires en attendant l'arrivée des policiers. Ceux-ci sont rapidement sur place. Ils n'en sont pas à leur premier déplacement chez nous. Ils connaissent l'adresse et l'individu. Mais comme les fois précédentes, le même scénario va se répéter. J'explique aux agents la raison de mon appel. Évidemment, il nie en bloc. C'est donc parole contre parole… Résultat, les policiers sont impuissants à me porter secours. Ils ne peuvent pas grand-chose pour moi, sinon m'aider à descendre Charles dans son landau. Kaya est dans mes bras, agrippée à mon cou.

Je pars dans la nuit, sans destination précise. Où aller avec deux enfants en bas âge ?

Je prends l'autoroute du Sud. Je roule sans but. Je m'arrête sur une aire pour que ma fille mange un peu et que mon bébé prenne son biberon. Puis, je repars dans notre errance.

À proximité de Beaune, je m'arrête pour dormir dans un hôtel d'autoroute. J'ai besoin de me reposer un peu, de reprendre des forces.

Le petit-déjeuner avalé, nous repartons. Trois policiers tournent autour de ma voiture. Je leur demande ce qui se passe :

— Madame, vous allez venir avec nous au poste car ce véhicule a été déclaré volé.

— Mais ce n'est pas possible ! C'est la mienne.

— Madame, s'il vous plaît, ne faites pas d'histoire et tout se passera bien. Vous allez nous suivre.

Au poste, je leur montre la carte grise à mon nom, mon permis de conduire et ma carte d'identité. Ils conviennent que tout est en règle. Je suis très en colère :

— C'est mon mari qui a dû faire cette déclaration. Parce qu'hier soir, j'ai dû m'enfuir du domicile conjugal, aidée d'ailleurs par vos collègues de la police de Charenton. Vous pouvez vérifier. Avant d'enregistrer une plainte, il faudrait peut-être s'assurer qu'elle est justifiée.

Les policiers me laissent repartir. Avant de remonter dans la voiture, je demande à Kaya :

— Ça te dirait d'aller au carnaval de Nice[1] ?

— Oh oui, maman. J'aimerais bien.

Dans la soirée, nous voilà à Nice. Je prends une chambre d'hôtel sur la promenade des Anglais. Cette nuit, nous dormirons tous les trois dans le même lit.

Le lendemain, Kaya a de la fièvre, elle n'est pas bien. Je fais venir un docteur qui me recommande de bien la garder au chaud. Il me rédige une ordonnance. Après avoir acheté les médicaments, je me résous à rentrer à Paris, car je dois ramener notre fille chez son père.

Depuis un petit moment, sur l'autoroute, je roule sur la file de gauche alors qu'il n'y a personne à doubler. Je suis perdue dans mes pensées quand soudain, retentit une sirène. C'est une voiture de gendarmerie. L'un de ses occupants me fait signe de sortir à la prochaine bretelle et de les suivre. Je m'exécute sans bien comprendre pourquoi.

Stationnée devant la gendarmerie, je descends avec le couffin et Kaya bien emmitouflée pour qu'elle ne prenne pas froid.

Les gendarmes me reprochent, d'une part, d'avoir roulé sur la troisième file alors il n'y avait aucune voiture à doubler, d'autre part, de ne pas disposer de réhausseur pour ma fille. À ce dernier reproche, je craque :

— Vous voulez que je vous raconte mon week-end ? Vendredi soir, mon mari frappe ma petite fille. La police me fait sortir de l'appartement en pleine nuit pour me protéger de lui. Mais je ne savais pas où aller. Alors, j'ai d'abord roulé sur l'autoroute, sans but. Puis, j'ai pris une chambre d'hôtel. Et au petit matin, je me suis retrouvée entre trois policiers qui m'ont embarquée au commissariat de Beaune pour le vol de ma voiture. Vous avez bien entendu : on me reprochait

[1] Cette année-là, le Carnaval de Nice n'avait pas eu lieu en février, il avait été reporté.

d'avoir volé ma propre voiture ! C'est mon mari qui avait déclaré le vol. Je leur prouve que cette voiture m'appartient. Ils me laissent repartir. J'arrive à Nice pour faire plaisir à ma fille qui n'a jamais vu le carnaval. Je prends une chambre à l'hôtel. Au réveil, ma fille a de la fièvre. Je fais venir un médecin, Je vais acheter les médicaments. Je décide de la ramener chez son père. Mon mari est son beau-père et il ne pense qu'à une chose, c'est de lui faire du mal pour m'en faire à moi. Et là, vous, vous me dites que je suis en tort parce que je n'ai pas de réhausseur et que je roule sur la file de gauche…

J'éclate en sanglots. Je serre ma petite puce contre moi qui est complètement désorientée. Charles, fort heureusement, dort dans son couffin. Embarrassés, les gendarmes ont pitié de moi. Ils me laissent repartir, non sans me donner une dernière recommandation :

— Madame, dans votre état, restez sur la file de droite, et, à l'avenir, achetez un réhausseur.

Durant toutes ces années, je vis dans la peur de tous les instants. Pour moi-même, et plus encore pour ceux que j'aime. À présent, l'alternative est simple : soit je continue de recevoir mes filles à l'appartement, mais avec la hantise qu'il puisse leur faire du mal et qu'un drame ne survienne ; soit je renonce à les voir afin de les protéger, mais en les privant de l'amour de leur mère. Le choix est d'autant plus cornélien que j'ignore combien de temps il me faudra pour me libérer de mon mari.

Je me résigne finalement à ne plus recevoir mes filles. Ce sont les pires années de ma vie. Je passe des nuits à pleurer en pensant à elles. Je n'ai pas de nouvelles puisqu'il m'interdit toute conversation téléphonique avec leur père. Je culpabilise terriblement de ne pas connaître ces années d'enfance et d'adolescence de mes enfants, surtout de ma petite Kaya, années que je sais ne jamais pouvoir rattraper. Lorsque je ne peux contenir ma peine, les pires menaces pleuvent :

— Je vais attendre Kaya à la sortie de son école avec un couteau.

Ou encore :

— Ta fille, tu ne la reverras plus que calcinée dans son cercueil.

Je suis désespérée, je ne mange plus, je suis très amaigrie – 44 kilos –, je fume énormément, deux à trois paquets par jour. J'ai des idées suicidaires, mais la pensée que ce serait une épreuve traumatisante pour mes enfants, me dissuade de passer à l'acte. Je ne voudrais pas qu'ils se sentent responsables, qu'ils portent le poids d'une culpabilité le restant de leur vie.

Alors le tuer ? J'y ai pensé, j'y ai même sérieusement réfléchi. Écoper d'une dizaine d'années d'emprisonnement ne changerait pas grand-chose à ma vie, qui est pire qu'une prison. Enfin, cela me soulagerait de savoir mes enfants hors de sa portée. Mais entre le penser et le faire, il persiste un abîme que je ne parviens pas à franchir. Au fond de moi, je ne suis pas violente. Seules des circonstances extrêmes ont pu m'amener à des actes dont je ne me savais même pas capable. Comme la fois où, m'ayant poussée à bout, j'ai saisi un énorme couteau de cuisine. Il a juste eu le temps d'esquiver mon geste en refermant la porte derrière lui. J'ai planté le couteau avec une telle violence que celui-ci a traversé la porte de part en part.

L'isolement

Mai 1991

Il exige que je lui rende compte de tous mes rendez-vous professionnels. Je dois lui détailler l'identité de la personne, le motif et l'heure des rendez-vous. Et je n'ai pas intérêt à lui mentir car cela irait très mal pour moi.

C'est un dilemme qui se pose à moi. Soit, je me plie à ses exigences, mais au risque de le voir apparaître au bureau à l'heure du rendez-vous ; soit, je refuse, et je vis avec une épée de Damoclès au-dessus de moi.

Je fais part de ses nouvelles exigences à Gabrielle. Elle me conseille de ne rien lui cacher de mon agenda professionnel. Nous aviserons en fonction de son comportement. Le soir, je lui fais part de mon unique rendez-vous du lendemain.

À l'heure convenue, le propriétaire se présente. Je le fais asseoir en face de moi. Nous en sommes au chapitre des taxes foncières que j'ai calculées pour l'année écoulée, quand il fait son apparition. Je suis pétrifiée, mes jambes tremblent. Il salue le client, saisit une chaise et prend place à un bout de mon bureau. Par correction envers le client, je fais les présentations :

— Monsieur Dubos, mon mari.

Il répond en dépliant le journal qu'il avait sous le bras :

— Je vais attendre que vous ayez terminé.

Je reprends le cours de mes explications, avec la crainte de commettre un impair. Heureusement, j'en ai presque fini. Je peux confier le client à Gabrielle pour les questions juridiques.

Quant à lui, il s'en va peu de temps après le propriétaire, non sans me faire la morale :

— Eh bien, tu vois, quand tu fais tout ce que je te dis, tout se passe bien.

Le lendemain, nous avons une Assemblée générale prévue à vingt heures. Nous n'avons pas pu la fixer plus tôt en raison de l'indisponibilité de certains copropriétaires.

Je le préviens que je rentrerai plus tard, l'assemblée pouvant durer de deux à trois heures. Il veut connaître le lieu où elle se tiendra. J'hésite à lui donner l'adresse, mais je finis par céder devant ses menaces.

La réunion débute par le décompte des nombres de millièmes des copropriétaires présents. Après quoi, nous pouvons entamer l'ordre du jour. L'assemblée se déroule depuis un moment quand le gardien de l'immeuble entre dans la salle pour faire une annonce :

— Madame Dubos, on vous demande au téléphone.

Je m'excuse auprès de l'assistance et je sors de la salle.

Au téléphone, c'est lui. Il m'appelle d'une cabine extérieure :

— Je suis en bas de l'immeuble, alors tu retournes dans la salle, tu prends ton sac et ton manteau, et tu descends.

— Mais tu sais bien que ce n'est pas possible. Tu ne peux pas me demander une chose pareille. Nous sommes en pleine assemblée et nous devons impérativement être deux pour noter le procès-verbal de l'assemblée.

— Si tu ne descends pas d'ici dix minutes, c'est moi qui monte. J'entre dans la salle et je dis que tu couches avec un de tes copropriétaires. Et si tu ne me crois pas, je te signale que je suis passé devant l'immeuble et que j'ai relevé un nom sur les boîtes aux lettres. Monsieur Pinot ? Tu connais ? Alors tu vois que je ne plaisante pas.

Je pleure au téléphone :

— Mais pourquoi tu me fais ça ? Qu'est-ce que j'ai fait pour subir tout ça ?

— Tu perds du temps, là. Tu n'as plus que neuf minutes.

Je raccroche. Je n'ai aucun doute sur sa détermination. Je retourne dans la salle. Je regarde Gabrielle qui, à ma tête, comprend qu'il se passe quelque chose. Je lui glisse à l'oreille :

— Je dois partir. Je suis désolée Gabrielle, mais je n'ai pas le choix.

— Ne t'inquiète pas. Je m'occupe de l'assemblée. On en reparle demain. Tu peux partir tranquille.

Je descends. Il est là, en bas de l'immeuble, qui m'attend. Se doute-t-il que j'ai des envies de meurtre ? Je ne desserre pas les mâchoires, je ne prononce pas un mot, je ne réponds à aucune de ses questions, je reste muette jusqu'à la maison. Il me dépose devant l'immeuble, et me dit :

— Je ne viens pas tout de suite.

Je rentre seule. Je m'assois dans le canapé, les yeux dans le vide, en pensant :

— Mais qu'est-ce qu'il me prépare encore ?

Je préfère aller me coucher.

C'est le téléphone qui me réveille. C'est Gabrielle :

— On a remis de la colle dans la serrure.

— Je viens tout de suite.

Que je me sois pliée à ses exigences ne lui avait donc pas suffi. Il avait éprouvé le besoin d'aller une nouvelle fois vandaliser notre local. Pourquoi ? Parce que sur le chemin du retour je n'avais pas desserré les mâchoires ? Qu'importe désormais les raisons. Celle-ci ou une autre, il ne s'arrêtera jamais. C'est un échec. Je croyais que le déménagement de notre cabinet suffirait à nous mettre à l'abri. Il n'en est rien. Il n'a rien perdu de sa capacité à nous nuire. Ma décision est prise.

Lorsque j'arrive, le serrurier n'est toujours pas passé. En l'attendant, Gabrielle s'inquiète pour moi :

— Ana, tu es épuisée. Tu ne vas pas pouvoir tenir ce rythme, ni cette vie infernale encore bien longtemps.

— Je tiendrai aussi longtemps qu'il le faudra. Il ne faut pas m'en vouloir, Gabrielle. Mais nous ne pouvons plus continuer à exercer dans ces conditions. Sans compter que je te mets toi aussi en danger.

Tant qu'il y a le cabinet, je ne peux pas l'abandonner. Nous nous sommes engagées ensemble et c'est ensemble que nous devons mettre un terme. Encore une fois, je suis désolée, mais nous allons devoir le vendre. Si je veux fuir cet enfer, il me faut commencer par là.

Gabrielle en convient, elle m'approuve même. En véritable amie, elle se dit prête à tout faire pour m'aider.

Entretemps, le serrurier est arrivé. Il facture le même montant que la fois précédente. Il nous quitte non sans nous avoir lancé :

— À bientôt, mesdames !

Nous n'apprécions que modérément son humour.

Je suis sur le canapé, en train de donner le biberon à Charles, quand, tout à coup, il me l'arrache des mains et le jette de toutes ses forces sur la moquette. Le biberon en verre se fracasse et éclate en morceaux. Charles se met aussitôt à pleurer. Malgré la brutalité de son geste, je reste imperturbable. C'est que, depuis le temps que dure cette tyrannie domestique, j'ai appris, en présence des enfants, à ne pas renchérir ni dans les cris ni dans les insultes, à ne pas rajouter de la violence à sa violence. À son déchaînement d'agressivité, je tâche de lui opposer ma non-violence. Je ne parviens à garder mon calme qu'en mobilisant tout mon esprit sur mon bébé : « *Charles a faim. Je dois lui stériliser un biberon.* » Je me lève pour aller dans la cuisine. C'est alors qu'il m'attrape le bras et me donne l'ordre tout en me désignant les bris de verre :

— Ramasse !

Je parviens néanmoins à me dégager et à gagner la cuisine. Je mets un biberon dans une casserole d'eau chaude pour le stériliser. Il est derrière moi. Il me répète :

— Va ramasser !

J'ose m'opposer à lui :

— Non. C'est toi qui as jeté le biberon par terre et qui l'as cassé. C'est à toi de le ramasser.

Il s'empare de Charles, retourne au salon, et dépose notre bébé sur les bouts de verre. Charles hurle. Je me précipite pour le récupérer et je retourne dans la cuisine. Il me poursuit, me reprend sauvagement Charles des bras, et retourne le remettre au milieu des bris de verre. J'attrape notre bébé et je cours dans sa chambre pour le déposer dans son lit. En moi-même, je me dis : « *Il ne faut pas que je m'obstine, il est capable de tout.* »

Je sors de la chambre, et je m'exécute. Je ramasse tous les morceaux de verre et je nettoie la moquette.

Je sens la rage et la haine monter en moi. Si je parviens encore à me contrôler, c'est uniquement parce que Charles est dans la pièce d'à côté.

Je prépare à nouveau un biberon pour Charles qui crie dans son lit. Le biberon suffit à le calmer. Épuisé par les larmes, il se rendort dans mes bras. Je le couche doucement dans son lit.

Je retourne dans la salle à manger où je m'assois sur le canapé. Je n'ouvrirai plus la bouche de toute la soirée.

Il va se coucher. Je m'allonge sur le canapé jusqu'au petit matin six heures, l'heure du biberon.

Je suis convaincue que ce jour-là, sans la présence de mon bébé, j'aurais été capable d'anéantir l'homme qui me faisait vivre cet enfer.

Le soir de la Fête des Mères, je suis allongée dans mon lit, je regarde le plafond, les yeux brouillés par les larmes. Ce jour où les mamans sont fêtées, cajolées, mes filles ne m'ont pas appelée. Comme si cela ne suffisait pas, leur père en rajoute en racontant que je ne suis pas une maman, que je ne veux plus les voir, que j'ai juste été une mère porteuse. Charles dort à côté de moi. Je reste immobile dans le noir.

Il entre et allume. Il me regarde :

— Pourquoi tu pleures ? Tu penses encore à ton ex-famille ? À tes filles ? À leur père ?

Lasse, je me lève sans répondre et je me dirige vers le salon. Je n'ai pas besoin d'un conflit supplémentaire. Le dernier en date remonte à trois jours, et c'est à peine si j'ai récupéré.

Il me rejoint dans le salon. Il m'attrape par les cheveux, me fait tomber du canapé et me traîne sur la moquette jusque devant le lit de Charles. Il se met à hurler :

— Regarde ta mère ! Elle ne pense qu'à ses filles ! Elle se fout complètement de toi !

J'essaie de me dégager, je parviens à sortir de la chambre.

Il me poursuit, avec dans sa main, une touffe de cheveux qu'il m'a arrachée en me traînant à terre. Je m'assois sur le canapé. Je ressens une brûlure au niveau du bras, sans doute le frottement de la moquette. Il s'obstine à me demander :

— À quoi tu penses ?

— À rien.

— C'est faux ! Tu me mens ! On ne peut pas penser à rien. Ou alors, c'est qu'on n'est rien. D'ailleurs, tu n'es rien !

Il me repose la même question, mais cette fois, je ne réponds pas. Alors il pose encore et encore toujours la même question auquel j'oppose le même silence. Il me secoue, il me bouscule, et tout à coup, il met sa main sous mon menton pour me contraindre à le regarder en face, et il me crache en plein visage. Ce que je ressens ? Un indicible dégoût de moi-même…

Nous sommes en voiture à Paris, rue des Pyrénées. Il est au volant, il s'avance sur un passage piéton pourtant emprunté par de nombreuses personnes. Il ne peut faire autrement que de s'arrêter au milieu. Sans doute irrité par notre voiture qui gêne, un homme de couleur, assez baraqué, donne un coup de poing sur son aile avant. Il baisse sa vitre et l'insulte. L'homme se retourne et lui répond :

— Tu veux mon poing sur la gueule ?

Il s'active à remonter précipitamment sa vitre et bloque les portes. Je ne peux m'empêcher de commenter :

— Tu es plus courageux quand il s'agit de frapper une femme, à ce que je vois…

D'un revers de main, il me gifle. Mais j'en suis arrivée à ne plus craindre ses coups :

— C'est bien ce que je disais, tu es plus courageux quand il s'agit de frapper une femme…

C'est parti pour la journée.

Une autre fois, nous sommes dans les embouteillages. C'est encore lui qui conduit. Sur le trottoir marche un homme qui nous dépasse. Il démarre, monte sur le trottoir et vient bloquer le passant.

— Mais qu'est-ce que tu fais ? Tu es malade !

Il descend et il se précipite sur l'homme. Il le prend au collet et lui crie dessus :

— Tu as fini de mater les cuisses de ma femme ?!

Je porte une jupe juste au-dessus du genou. Cet homme ne pouvait par conséquent pas mater grand-chose. Il faut que j'intervienne pour qu'il le laisse repartir.

Juin 1992

Toute la semaine, je travaille au cabinet d'administration de biens, et le samedi, je donne un coup de main à son magasin de prêt-à-porter féminin, rue de Belleville.

Ce jour-là, il vient me rejoindre vers treize heures, Je suis seule, la vendeuse ne commençant qu'à quatorze heures. Il me dit :

— La semaine prochaine, je fais venir Sofinco à la maison pour que tu signes un crédit sur les meubles que j'avais achetés il y a quatre ans.

— Tu rigoles ou quoi ? Au moment de l'achat, tu avais déjà fait un crédit, non ?

— Oui, mais comme je n'ai pas payé les échéances, il veut bien me refaire un nouveau crédit. Et comme je ne suis pas spécialement solvable, j'ai dit que tu pouvais le prendre à ton nom.

— Il est hors de question que je signe ça !

Je comprends que c'est le moyen qu'il a trouvé pour m'empêcher de partir. Si je m'engage à régler ses dettes, je serai pieds et poings liés à lui pour la vie. Si je veux m'en sortir, je ne dois absolument plus m'engager pour quoi que ce soit en sa faveur. Je saisis mon sac et je sors précipitamment du magasin. Je monte dans ma voiture et je roule en direction de la maison. C'est décidé : je récupère Charles, j'emporte quelques affaires et je le quitte. Je ne sais pourquoi j'ai, subitement, pris cette décision.

J'arrive à la maison, Georgette, la nounou, est dans le salon, avec Charles dans les bras. Je lui demande de bien vouloir l'habiller et de mettre quelques affaires dans un sac. De mon côté, je prépare un bagage. Je croise de nouveau Georgette qui me paraît troublée. Je retourne dans la chambre et qui est là ? Lui. Je ne l'ai pas entendu entrer. Je recule, il avance vers moi, il a son fusil à la main…

Je vais dans la salle à manger. Charles hurle, je dis à Georgette de le garder dans ses bras. Il pointe le fusil vers moi et me dit :

— Donne-moi ton sac !

Au lieu de quoi, je me précipite vers la fenêtre et je crie de toutes mes forces :

— Au secours ! Au secours ! Appelez la police s'il vous plaît ! Au secours !

Dans l'immeuble d'en face, des personnes semblent avoir compris qu'il se passait quelque chose de grave…

Effectivement, dans les dix minutes qui suivent, la police est sur place. Dès que retentit la sonnette, il va ranger son fusil. J'en profite pour prendre Charles dans mes bras et demander à la nounou d'aller ouvrir. Mais la pauvre femme tremble de peur, elle est tétanisée, incapable de bouger. Je vais ouvrir la porte.

Je livre aux policiers ma version. Il nie en bloc. L'un des gardiens de la paix se tourne alors vers Georgette et lui demande son témoignage. Mais traumatisée, elle refuse d'être mêlée à cette histoire :

— Je veux rentrer chez moi, supplie-t-elle.

Les policiers la laissent partir. La nounou n'ayant pas voulu témoigner, je n'ai aucune preuve à l'appui de mes accusations. Les policiers sont, une fois encore, impuissants pour agir. Tout au plus saisissent-ils le fusil. Il n'est pas en règle pour détenir une arme.

Gabrielle ne s'opposant pas à la vente, nous démarchons auprès d'éventuels acheteurs. Dans un premier temps, nous appelons les confrères qui s'étaient déjà manifestés pour un rachat, et, en bonnes commerciales, nous faisons monter les enchères. En fait, je donne tous pouvoirs à mon amie pour faire le nécessaire. Je ne veux prendre aucun risque. Je confie également à Gabrielle le soin de me trouver un appartement dans Paris, dans lequel j'envisage de procéder à la clôture des comptes de notre cabinet. En effet, la procédure de cession va nécessiter plusieurs mois. Dès lors qu'une promesse sera signée, il nous faudra patienter quelque temps jusqu'à la vente définitive. Ce n'est qu'après la promesse de vente que nous pourrons procéder à cette clôture afin d'entériner la vente. Nous exigeons de notre acheteur, d'une part qu'il déménage l'ensemble des dossiers avec l'ordinateur à l'adresse de l'appartement que nous lui communiquerons en temps utile, et d'autre part, la clôture terminée, qu'il récupère le tout pour son agence. Cela prendra plusieurs semaines supplémentaires avant de trouver un acheteur qui accepte toutes nos conditions.

Gabrielle me propose d'aller visiter un appartement qui se trouve à proximité de notre cabinet. Nous profitons de l'heure du déjeuner pour y faire un saut. Une demi-heure plus tard, nous sommes de retour. Mais en ouvrant la porte, quel n'est pas notre effarement de découvrir notre bureau dévasté, l'ordinateur à terre, les meubles vidés de leurs dossiers, lesquels jonchent le sol… Si nous n'avons aucun doute sur l'auteur de ce vandalisme, nous ne comprenons pas comment il a pu agir de la sorte ? La porte n'est pas fracturée et je ne lui ai pas donné les clés. Alors ?

Dans l'immédiat, notre inquiétude se porte sur le disque dur de l'ordinateur. Nous le remettons en place. Je l'allume… Rien. Même pas d'image. C'est comme si soudain un immense vide s'ouvrait à mes pieds… Il me faut quelques minutes avant de me ressaisir. J'appelle la société de maintenance informatique. J'explique ce qui nous arrive, l'impératif de clôturer les comptes du trimestre si nous ne voulons pas compromettre notre vente, bref, je supplie que l'on nous vienne en aide… Il faut croire que j'ai été convaincante, car le lendemain, un technicien est sur place :

— Vous avez une sauvegarde ?

— Elle n'est pas de la veille, mais elle date d'une semaine.

Le technicien récupère notre dernière sauvegarde, change le disque dur… Sauvées ! Nous sommes sauvées. Il ne me reste plus qu'à rattraper ma semaine de travail, autant dire une bagatelle, comparée à la catastrophe à laquelle nous avons échappé.

Au fil des jours, ma conviction se renforce : il est bien l'auteur de ce vandalisme. Je suppose qu'il a, d'une façon ou d'une autre, récupéré les clés du cabinet. Tous les soirs, quand je rentre, je passe d'abord dans la pièce qui nous sert de bureau et de vestiaire. J'y dépose mon manteau et je cache les clés sous le matelas du haut du lit superposé. Il aura découvert ma cachette, ou alors les clés seront tombées sur le matelas du bas. Il aura fait un double, un week-end où je ne travaillais pas. Je ne vois pas d'autre hypothèse.

Dans cette pièce, je mettais fait une petite frayeur. En guise de commissions sur les travaux, des entrepreneurs nous versaient souvent des espèces, que je dissimulais dans les poches de mes vêtements de l'armoire, en attendant que ma mère les dépose sur un livret d'épargne ouvert à mes seize ans et que je n'utilisais plus. Un soir, au moment où je sors les billets de 500 francs de mon sac, il entre dans la pièce. Je me hâte de les glisser sous l'élastique de ma jupe. Je n'ose plus bouger, je lui tourne le dos de peur qu'il n'aperçoive les billets dépassant de ma jupe ou que ceux-ci ne tombent à terre. Je serai quitte pour une petite frayeur.

Cette fois, il n'est pas question que je passe l'éponge sur son vandalisme, que je fasse comme si de rien n'était.

À peine rentrée, je l'accuse ouvertement et sans ménagement d'en être l'auteur. Il ne me conteste pas. Je suis d'autant plus furieuse qu'il a bien failli faire capoter la cession de notre cabinet, mais heureusement, cela il l'ignore, sans quoi il ne se serait pas contenté de saboter une serrure et de saccager un bureau. C'est à moi directement qu'il s'en serait pris. Mais j'ai encore des moyens de rétorsion. Je le menace de ne plus m'occuper de ses comptes, de ne plus tenir son magasin le samedi… Mes menaces le font réagir, il hurle à son tour, il me bouscule, j'atterris sur le canapé. Et là, sur une table basse, je vois la petite fille en bronze, sur sa chaise, qui me fait toujours penser à Kaya et que j'ai fini par acheter. J'ai tout simplement envie de tout casser. Je m'empare du bronze et je me précipite vers sa bibliothèque qu'il voulait me faire payer en reprenant le crédit à mon compte. De toutes mes forces, j'abats la statue sur les vitres de la bibliothèque. Mais rien. Aucun bris, aucun dégât. Alors je récidive, encore plus fort. Mais impossible de briser quoi que ce soit. J'enrage quand je m'aperçois que les pieds de chaise de la statuette sont déformés par les coups que j'ai assénés sur les vitres. Lui savoure mon impuissance :

— Ce n'est pas la peine de t'épuiser comme ça. Elles sont incassables. Tu n'arriveras à rien.

Je me précipite dans la cuisine, et je jette tous les verres à terre. Je ne me contrôle plus. Je suis devenue hystérique :

— Et ça ?! C'est incassable peut-être ?!

Il prend ses clés et quitte l'appartement. Il fait bien, car je suis à bout et capable de tout.

Son attitude me conforte dans l'idée qu'il n'accorde d'importance qu'à son petit confort de petit-bourgeois. J'ai également observé que les jours où son regard n'est pas celui des mauvais jours, il se montre moins virulent. Dans ces cas-là, je suis en mesure de prendre le dessus. Cela m'incite à répliquer chaque fois qu'il cherche à me nuire. Mais cette logique m'entraîne à mon tour dans une spirale infernale, celle d'une violence croissante. En épousant son comportement, ne vais-je pas devenir comme lui ? Je ne le crois pas pour la simple raison que j'ai mes limites et que lui n'en a aucune.

Quoi qu'il en soit, le lendemain du vandalisme, Gabrielle et moi portons plainte contre lui.

Un mois plus tard, c'est moi qui reçois une convocation au commissariat, suite à un dépôt de plainte à mon encontre. J'ignore qu'elle en est l'origine. Je suis reçue par un inspecteur qui m'explique que monsieur Patrick Dubos a porté plainte contre moi pour accusation sans preuve. Je tombe des nues. Je donne à l'officier de police ma version. Il me répond :

— Oui, mais en attendant, vous n'apportez pas de preuve à votre accusation, et malheureusement, cela se retourne contre vous.

Voyant mon désarroi, l'inspecteur y va de son petit conseil :

— Vous savez, avec ce genre d'individu, il n'y a souvent qu'une solution : que quelqu'un lui donne une bonne correction, dans un coin, ni vu ni connu. Vous verrez, cela le calmera certainement…

Je suis surprise d'une telle suggestion de la part d'un officier de police censé faire respecter la loi et l'ordre. Mais je me garde bien de lui faire part de mon étonnement. Son propos traduit l'impuissance et la faillite des institutions à apporter une solution efficace à la violence domestique. Je me contente de lui répondre :

— Vous avez peut-être raison. Mais moi, je ne connais personne capable de rendre ce genre de service.

— Bon. En attendant, ne vous en faites pas pour la plainte. Je vais la classer sans suite.

Je ressors du commissariat, quelque peu effondrée. Gabrielle, à qui je relate mon entretien avec l'inspecteur, est aussi découragée que moi.

La fuite

La situation aura néanmoins un mérite, celui de nous stimuler encore plus à partir. Gabrielle se met en quête d'un appartement hôtel. Elle en loue un pour un peu plus d'un mois, dans le quartier des Halles.

Le 27 novembre 1992, nous résilions notre bail. Le samedi matin, Gabrielle et le déménageur du repreneur vident le bureau. Sans problème. Mon déménagement de l'appartement de Charenton, prévu pour l'après-midi, s'annonce beaucoup plus risqué. J'ai prévu de n'emporter que mes affaires personnelles et celles de Charles. J'abandonne tout le reste. Afin de ne pas éveiller ses soupçons, je reviens déjeuner avec lui. L'atmosphère est plutôt détendue. Apparemment, il ne se doute de rien. Comme à son habitude, après avoir avalé son café, il se rend à son magasin. Le samedi est généralement la meilleure journée de vente de la semaine. Par la fenêtre, je m'assure de son départ en scooter.

Pour ce déménagement de tous les dangers, j'ai recruté mon frère Lionel et son copain Patrick. Il est entendu qu'ils se gareront discrètement boulevard Anatole-France, et qu'ils patienteront jusqu'à mon signal. Après son départ, j'attends encore dix minutes avant d'agiter un torchon à la fenêtre. Lionel et Patrick ont vite fait de me retrouver. Je leur demande d'emporter les sacs poubelle dans lesquels j'ai déjà entassé le maximum de choses, mais aussi la poussette de Charles, son lit pliant, ses vêtements, ses jouets, enfin toutes les affaires nécessaires à un bébé, et dieu sait s'il y en a... Cela fait déjà trente minutes qu'il est parti. Je ne peux m'empêcher de l'appeler pour m'assurer qu'il se trouve bien au magasin. J'ai appris qu'avec lui, il ne fallait rien laisser au hasard.

— Allo, c'est moi. Ça va ?

— Oui.

— Il y a du monde au magasin ?

— Pourquoi cette question ?

— Ben, comme ça, pour savoir…

— Ah bon ? Ce n'est pas dans tes habitudes de te préoccuper de ça…

Il raccroche. En voulant prendre mes précautions, j'ai sans doute suscité sa méfiance. Panique à bord ! Je crie à mes acolytes :

— Vite ! Vite ! Dans quinze minutes, il est là !

C'est le temps qu'il lui faut en scooter pour revenir du magasin.

Dix minutes plus tard, je suis au volant de ma voiture, suivie de celle de Patrick. Nos véhicules sont chargés jusqu'à la gueule.

Direction Paris-Les Halles. Gabrielle a réservé un appartement à l'hôtel Les Citadines. En d'autres circonstances, j'aurais apprécié, mais là, c'est carrément insupportable. En cette période de Noël, un monde fou se presse dans le quartier pour effectuer les achats de fin d'année. L'hôtel n'étant pas doté d'un parking, on a le plus grand mal à se garer et même à approcher de l'établissement. On s'arrête dans une petite rue adjacente et je rejoins Lionel et Patrick qui est au bord de la crise de nerfs. Lui, le banlieusard, n'a pas l'habitude de circuler dans Paris, avec cette foule. Excédé, il me dit :

— J'en ai ma claque ! Je rentre chez moi.

— Ah non, Patrick ! Tu ne peux pas me faire un coup pareil ! Ce n'est pas le moment de me lâcher. Tous les deux, vous restez là. Je vais à l'hôtel retirer les clés et emmener ce qu'il faut pour Charles. Et après, si je n'ai pas mes vêtements, ce n'est pas grave. Lionel, s'il te plaît, tu peux aller dans ma voiture pour garder Charles ?

Je récupère juste deux sacs, ce qui devrait me permettre de voir venir. J'entre dans le hall de l'hôtel, super classe, avec mes sacs poubelle de cent litres, si lourds que je les traîne au sol. Je n'ai ni le temps, ni le luxe d'avoir honte, ni même des scrupules. À l'accueil, d'une voix qui se veut déterminée, je demande la clé de mon appartement. Le réceptionniste feint de n'avoir rien remarqué. Il en a probablement vu d'autres. L'appartement se trouve au deuxième étage, avec vue sur la fontaine des Innocents. Je ne m'attarde pas, je dépose mes sacs plastique et je retourne chercher Charles. Lionel m'aide à porter le lit pliant et deux autres sacs contenant des affaires de mon bébé. Patrick, qui s'est calmé, consent à garder les véhicules.

Le déchargement terminé, je confie mes clés à Lionel pour qu'il aille déposer ma voiture dans le garage des parents. Je remercie chaleureusement mes deux complices pour leur aide. Je retourne à ce qui doit être, pour Charles et moi, notre planque pour une quarantaine de jours.

Le lundi, comme convenu, l'entreprise me livre tous les dossiers, l'ordinateur avec l'imprimante et tout ce dont j'ai besoin, pour clôturer les comptes.

Je travaille en présence de Charles, ce qui signifie que je dois m'arrêter fréquemment, pour le faire manger, pour l'emmener prendre l'air, pour lui donner son bain… En dehors de son sommeil, je dois constamment garder un œil sur lui car, à vingt mois, il a la bougeotte et il touche à tout. Il n'y a guère que quand il dort que je peux me consacrer entièrement à ma tâche. Je travaille essentiellement de vingt heures à trois heures du matin. Le problème, c'est l'imprimante qui fait du bruit, mais pas suffisamment pour troubler le sommeil de Charles.

J'apprends par ma mère que je suis recherchée pour enlèvement d'enfant. Il a porté plainte contre moi. Les gendarmes se sont rendus au domicile de mes parents, qui ont répondu ne pas savoir où je me trouvais. Ce qui est vrai. Heureusement qu'ils n'ont pas demandé à voir le garage.

Ma sœur Nelly et son mari Georges sont de passage à Paris. Ils souhaiteraient me voir avant de repartir. Je leur donne rendez-vous dans une pizzeria, juste en bas de l'hôtel où je réside. Je suis très émue de les retrouver au restaurant. Cela me fait le plus grand bien que de revoir des visages familiers et rassurants. Nous passons un agréable moment, Charles se montre très sage, il observe tout ce petit monde qu'il ne connaît pas. Mais le temps passe trop vite, il est déjà l'heure de nous séparer. Je remonte à l'appartement, le cœur en vrac.

Le Noël et le Nouvel An de cette année 1992 sont semblables aux autres jours.

Au total, je resterai seule avec Charles pendant trente-cinq jours, le temps nécessaire pour clôturer les comptes.

J'informe Gabrielle que tout est en règle, que nous pouvons signer la vente. Elle envoie quelqu'un pour récupérer le matériel informatique ainsi que les dossiers.

Elle a tous pouvoirs pour signer à ma place. Je recevrai le chèque à l'adresse de mon oncle, où je vais m'installer pour quelques mois.

Lionel me ramène ma voiture. Il m'apprend que les parents ont été harcelés car il a cherché à connaître mon adresse. Ils ont tenu bon, ils n'ont pas varié dans leurs réponses, à savoir que j'étais partie sans laisser d'adresse. De son côté, Yan a été prévenu de bien surveiller les enfants. Quant à Gabrielle, elle devra changer de numéro de téléphone. Elle et son mari, qui souffre du cœur, n'ont cessé de recevoir des appels anonymes durant plusieurs nuits.

Mi-janvier 1993

Je prends la route pour rejoindre un petit village proche de Migennes, dans l'Yonne, où mon oncle Jean-Pierre, que j'appelle Jean, m'attend. C'est là que je vais me réfugier.

Les premiers jours, Oncle Jean reste avec moi, le temps que je prenne mes marques. Puis il retourne chez lui, à Étampes, où il vit avec sa femme, Mathilde, et ses deux enfants, Nathalie et Philippe.

Les journées sont longues, il fait froid. Quand nous sortons sur la terrasse, celle-ci est verglacée, et nous devons nous mettre à quatre pattes pour ne pas glisser. Ce qui amuse beaucoup Charles.

De temps en temps, nous allons à Auxerre, au Burger King, pour la plus grande joie de Charles.

Un jour, alors que j'ouvre le porche du garage, mon fils me crie :

— Maman ! Maman ! Un monsieur.

Depuis trois mois que nous sommes installés dans ce village, c'est le premier habitant que nous apercevons. De temps en temps, il y a bien Oncle Jean qui vient passer quelques jours avec nous. Je me sens moins seule. Je lui fais part de mon intense désir de revoir mes filles. Leur père est prêt à les accompagner. Oncle Jean accepte.

Pour leur venue, nous préparons un superbe repas. Enfin, c'est surtout Oncle Jean qui est aux fourneaux, et moi, qui suis son commis. Je dirais même que mon rôle se résume à faire la plonge. Je reconnais qu'Oncle Jean est le roi de la tarte aux pommes.

Quel bonheur que de retrouver mes filles, que de pouvoir les serrer à nouveau dans mes bras ! Mais autant Emma paraît à l'aise, autant Kaya reste réservée. De ses grands yeux écarquillés, elle me scrute, elle observe tous mes gestes, et de mon côté, je la suis du regard, essayant de deviner ses pensées.

Mais déjà, l'heure du départ approche. Ce fut une belle journée, un dimanche comme je n'en avais pas connu depuis bien longtemps. C'est avec beaucoup de tristesse que je les serre dans mes bras. Je ne sais pas quand je les reverrai.

Pour divorcer, j'ai pris un avocat. Lors de la première procédure, je détaille la violence conjugale que j'ai subie durant toutes ces années. J'explique que c'est la raison qui m'a conduite à m'enfuir avec notre fils. Lui-même a pris un défenseur, lequel m'adresse un courrier m'accusant d'avoir enlevé son fils et de l'en priver depuis plus d'un mois. Mais informé des motifs que j'ai invoqués pour le divorce, il se résigne à la séparation, à condition toutefois que je conserve son nom et surtout que les torts soient partagés. Là, j'avoue que j'ai eu un malaise. M'avoir fait subir tout ce qu'il m'avait fait subir, et finir par un divorce aux torts partagés, c'est très dur à consentir. Et pourtant, il le faut… Dans l'intérêt de Charles, j'accepte. De mon côté, je demande que les visites chez son père se déroulent impérativement en présence de ses grands-parents, condition que j'exige pour le bien de mon enfant. Il refuse toute pension pour Charles, arguant qu'il n'a pas de revenu. Je sais que c'est totalement faux, mais je n'en ferai pas un cheval de bataille. Au fond, cela me libérera définitivement de lui.

Le jour de la conciliation au tribunal, je demande à mon avocat de m'accompagner et de me raccompagner de peur qu'il ne m'agresse à la sortie du tribunal.

Je rentre à Migennes, plutôt soulagée. Oh, bien sûr, tant que le divorce ne sera pas prononcé, il pourra encore se rétracter. Mais je peux tout de même envisager de rentrer en région parisienne, de décrocher un travail, de reprendre une vie normale…

Yan m'a proposé de venir habiter chez lui, avec Emma et Kaya, le temps que je trouve un appartement. J'accepte d'autant plus que je n'ai pas d'autre solution. Ma seule inquiétude, c'est que Patrick ne vienne à l'apprendre.

Je reste tout de même étonnée de la générosité de Yan. Tout s'éclaire lorsqu'il me demande de lui prêter 50 000 francs (7 500 euros). Il promet de me rembourser au total 55 000 francs, c'est-à-dire avec 10 % d'intérêts. Devant mon scepticisme, il m'explique qu'il est dans une passe difficile et que les enfants lui coûtent cher. Je veux croire que c'est pour la bonne cause, par conséquent, je lui avance la somme. Et lui, en retour, pour me prouver sa bonne foi, il me restitue immédiatement 5 000 francs, les prétendus « *intérêts* ». Mais je ne me fais guère d'illusions. Je soupçonne la manœuvre en vue de m'endormir. D'ailleurs, il ne me remboursera jamais. Au total, il m'aura escroquée de 45 000 francs.

Je retrouve assez rapidement un logement à Saint-Gratien. Grâce à l'argent de la vente du cabinet, je peux le meubler et m'installer avec mes trois enfants. Nous voici enfin de nouveau réunis !

Au début, Kaya va se partager entre la semaine chez son père et le week-end chez moi ; Emma viendra plus souvent à la maison.

Mais c'est oublier un peu vite l'obstination qui est la sienne. Il parvient à obtenir mon numéro de téléphone pourtant sur liste rouge. Il commence par m'appeler de temps en temps. Je tâche de ne pas me montrer trop agressive. Le divorce n'étant toujours pas prononcé, il ne manquerait pas de se servir du moindre dérapage contre moi.

Un soir, il est vingt et une heures, il m'appelle. D'emblée, il me prend la tête. Impossible de l'arrêter dans son flot de paroles. Les aiguilles de la pendule tournent, vingt-deux heures, vingt-trois heures. Il est toujours en ligne. Il se montre tour à tour inquiétant :

— Si tu ne reviens pas avec moi, je n'accepterai pas le divorce. Cela traînera des années, tu auras une vie infernale comme tu ne peux pas imaginer.

Puis conciliant :

— Je te promets, je vais changer. On va voir ensemble un psy et je suivrai les séances jusqu'à ce que j'aille mieux…

Je ne crois nullement à ses promesses de se faire soigner. D'ailleurs, à chacune de mes tentatives pour interrompre la communication, il redevient menaçant :

— Ne raccroche pas, sinon tu vas le regretter.

Mais à trois heures du matin, épuisée, je finis par y mettre un terme. Je vais me coucher.

Le lendemain, le téléphone sonne. C'est ma mère, elle est en pleurs. Je lui demande ce qui se passe. Entre deux sanglots, elle me fait le récit suivant :

— Quelqu'un est venu, cette nuit, devant la maison, qui a aspergé d'essence le portillon et a mis le feu. Si ton père ne s'était pas réveillé pour aller aux toilettes, on aurait sans doute péri tous les deux dans l'incendie. Il ne pouvait plus descendre car les flammes l'empêchaient de passer. La fumée commençait à envahir le premier étage… Il a appelé les pompiers. Heureusement, ils sont arrivés assez rapidement et ils ont pu éteindre l'incendie.

Son récit me terrifie. Pour moi, il ne fait pas l'ombre d'un doute qu'il est l'incendiaire. Il a mis à exécution ses menaces de la nuit. Tout ça parce que j'ai osé raccrocher après ses six heures de logorrhée au téléphone. Il ne l'a pas supporté, il s'en est pris à mes parents. Mais en l'absence de preuves matérielles, comment le prouver ?

Si je suis parvenue à me libérer de son chantage et de ses menaces côté professionnel, il vient de me prouver qu'il conserve un grand pouvoir de nuisance sur ma famille. Je ne compte plus les mains courantes que j'ai déposées au commissariat de Charenton, de Picpus, d'Épinay-sur-Seine, de Saintry-sur-Seine, du IXe et du XXe arrondissements de Paris… Mais à chaque fois, c'est ma parole contre la sienne. Et la seule plainte que j'ai déposée contre lui a failli se retourner contre moi.

Je suis toujours aussi déterminée à rompre avec lui, mais tant que le divorce ne sera pas prononcé, il restera une menace, un danger pour mes parents et mes enfants.

Les siens de parents s'en mêlent. Ou plus exactement sa mère, Marcelle. Le père, lui, est un homme effacé, qui répugne aux conflits. Je sais qu'il désapprouve le tempérament de son fils, qu'il est malheureux de cette situation, mais il n'interviendra pas. Marcelle, donc, m'appelle. Elle m'assure que son fils a changé. Même David me fait l'article ! Tous les trois ont pourtant été témoins de la violence dont il est capable. Mais non, le problème, c'est que son fils est un grand incompris, personne ne le connaît vraiment. Au fond, ce n'est pas lui le problème, non, pas du tout, le problème, c'est… moi.

Lui-même ne reste pas inactif. Il a même entrepris les grandes manœuvres à l'égard… d'Emma. Pour les vacances de Pâques, il a proposé à ma fille de l'accompagner à Antibes où il va rendre visite à sa nièce Laura, qui travaille sur une plage de la Côte d'Azur. Emma est une adolescente de quinze ans, une telle proposition ne peut que l'enchanter. Il a su manipuler ma fille de façon à ce que je ne puisse pas m'opposer à ce voyage. Mais je vois clair dans son jeu, je ne suis pas dupe. Il ne cherche nullement à faire plaisir à Emma. À travers elle, c'est moi qu'il vise. Il veut me démontrer qu'il conserve une emprise de séduction sur ma propre fille, ce qui, du reste, n'est pas sans m'inquiéter.

Changement de stratégie

C'est une période où je me sens partagée. À la fois, je reste déterminée à divorcer, mais je me sens tellement épuisée. D'ailleurs, je ne suis pas en état de recommencer à travailler.

Je vais donc prendre une décision sans doute incompréhensible, voire insensée, mais c'est la seule que j'ai trouvée pour mettre les miens en sécurité. Je décide de reprendre la vie en commun avec lui. Je ne renonce nullement à me battre pour le divorce. Comme aux échecs, je change de stratégie en cours de jeu. Ce sera là que je maîtriserai le mieux la situation. Mon avocat est le premier étonné, car selon lui, cela ne fait pas l'ombre d'un doute :

— Avec tout ce que vous avez enduré, vous pourriez obtenir un divorce pour faute grave.

— Maître, s'il vous plaît, je veux divorcer le plus vite possible. Quitte à prendre tous les torts, je ne veux plus entendre parler de lui. Le plus rapidement possible, vous entendez.

À peu près au même moment, Yan m'annonce qu'il va vivre à Roscoff, dans le Finistère. Le choc est rude. À peine ai-je retrouvé ma petite puce que nous allons, à nouveau, être séparées. Je me persuade néanmoins que, pour la sécurité de ma fille, c'est encore la meilleure solution. Cela m'aide à accepter ce départ.

Je trouve un appartement à Paris, rue Pelleport, assez grand donc pour contenir mes meubles et… les siens. Il est situé à deux pas de son magasin.

Ayant repris une vie commune, il accepte effectivement de divorcer. Les conditions ayant été négociées en conciliation, la procédure est enclenchée.

Dans le même temps, je décide d'ouvrir une boutique de vêtements, rue du Faubourg-Saint-Martin, à proximité de la gare de l'Est. Elle est à mon nom pour bien distinguer nos deux affaires. En principe, il ne devrait pas avoir de moyen de pression sur moi, du moins pas à ce sujet. Mais le naturel a vite fait de revenir au galop. Il recommence à faire monter la tension ainsi qu'il excelle à le faire. Il m'appelle au moins trente fois par jour au magasin, pour me questionner sur ce que je fais, savoir quand je suis partie, qui je vois... Il m'insulte copieusement. Quand il apprend que je suis allée me réfugier chez mon oncle, il me menace de l'appeler et de lui dire qu'il avait hébergé « *une pute* ».

Si je ne réagis pas, ce n'est pas comme auparavant, par choix, mais parce que maintenant, je n'en ai plus la force, que je suis à bout. Du fait de ma faiblesse physique et psychologique, il conserve un pouvoir de nuisance sur moi. J'en suis encore à penser que tout ce qui m'arrive est de ma faute, et je culpabilise. Pourvu que je ne perde pas de vue mon but, obtenir ce divorce. C'est ma seule et unique issue de secours.

Depuis son séjour à Antibes, ma fille aînée vient de nouveau à la maison un week-end sur deux.

Un samedi, on sonne à l'interphone. C'est Emma. Ce n'est pourtant pas son week-end. J'ouvre la porte d'entrée de l'immeuble. Le temps qu'elle appelle l'ascenseur et qu'elle se retrouve à l'étage, lui s'est abondamment lâché :

— Qu'est-ce qu'elle vient faire là ? Ce n'est pourtant pas son week-end ! Pas question qu'elle reste ici. Tu vas lui dire de retourner chez son père.

Tout se bouscule dans ma tête, ses interdits et ses ordres, Emma qui va être là d'une seconde à l'autre, le risque que n'éclate une dispute... Avant même d'ouvrir la porte, je suis blême. Ma fille, elle, est toute souriante, heureuse de me retrouver. Mais je douche sa joie quand je lui annonce qu'elle ne va pas pouvoir rester car ce n'est pas son week-end. Jamais, au grand jamais, je n'aurais imaginé un jour fermer ainsi ma porte à ma fille. Il se tient à mes côtés, en chien de garde, pour s'assurer de mes propos. Emma nous explique :

— Mais papa est parti, je ne sais pas où aller, moi.

Je me tourne vers lui, je le supplie du regard, en espérant le faire revenir sur sa décision. Mais il reste inflexible :

— C'est le week-end de ton père.

Déçue, peut-être même blessée, Emma reprend l'ascenseur. Son père est encore aux abords de l'immeuble. Elle lui fait part de notre refus.

— Eh bien, va voir la police et tu leur expliques.

Son père prend tout de même la peine de la déposer devant le commissariat, après quoi, il part à ses occupations.

Emma revient, accompagnée par deux agents de police. Et bien sûr, c'est à moi qu'il revient de répéter que nous ne pouvons pas la prendre ce week-end. Les policiers expliquent à Emma qu'ils ne peuvent rien faire, étant donné que c'est son père qui n'assure pas son droit de garde.

Adolescente ballottée et rejetée par l'égoïsme et la perversité des adultes, Emma est repartie par les transports en commun. Quant à moi que pouvais-je faire ? En agissant comme je l'ai fait, j'ai pu donner à ma fille le sentiment de la repousser, de l'abandonner. Alors que ce n'était pas le cas. Par-dessus tout, je redoutais les représailles qu'elle encourait si je l'avais imposée dans l'appartement. Après son départ, je me suis enfermée en larmes dans la chambre. Je n'ai pas dit un mot de tout le week-end.

Entre les travaux, l'installation de ma boutique, les achats de marchandises, mes journées sont bien occupées. Au début, je suis seule à tenir le magasin. Mais rapidement, j'ai besoin d'une vendeuse. Je lui demande si son employée, Marie-Pierre, ne pourrait pas me donner un coup de main, notamment lorsque je vais m'approvisionner au Sentier. Il n'y voit pas d'inconvénient.

Avec Marie-Pierre, nous sympathisons rapidement. Bien que je ne me sois pas confiée à elle, elle a compris que je ne suis pas heureuse avec lui. C'est que, comme je le pressentais, les belles promesses n'ont pas tenu longtemps. C'est de nouveau l'enfer.

Un week-end où Kaya est venue seule, j'ai préparé un petit repas pour elle et Charles. Après dîner, j'ai prévu des jeux avant d'aller au lit. Je suis dans la cuisine avec les enfants, ils sont en train de manger sur la table face à la petite télévision qui se trouve sur le plan de travail opposé. Ils rient ensemble. Leur complicité fait plaisir à entendre et à voir. Soudain, il surgit dans la cuisine en vociférant :

— Qu'est-ce que c'est ce vacarme ?!

Il pose son bras sur le plan de travail et renverse à terre tout ce qui s'y trouve, même la télévision. Les enfants sont effrayés. Je les descends aussitôt de leur chaise et je les emmène à l'abri dans le couloir. Lui continue de hurler. Les enfants se serrent fort l'un contre l'autre et pleurent. Ils sont complètement paniqués. J'ouvre la porte d'entrée et je les pousse dans la cage d'escalier. Ils continuent de pleurer et de crier au point que les voisins sortent à leur tour. Voyant cela, lui file dans la salle à manger. Les voisins me demandent :

— Mais qu'est-ce qui se passe ? Pourquoi ces enfants pleurent comme ça ? Ça va ?

— Oui, oui, ça peut aller. Merci.

Je reconduis les enfants dans leur chambre et je m'enferme avec eux pour tenter de les calmer. Ce soir-là, ils ont eu beaucoup de difficultés à s'endormir.

Quelques jours plus tard, un homme et une femme se présentent à notre domicile. Ce sont des fonctionnaires de la Protection de l'enfance. Ils demandent à pouvoir s'entretenir avec nous. Je les fais entrer. Ils ont été saisis d'une plainte selon laquelle, un week-end, des enfants en bas âge se sont retrouvés en pleurs dans la cage d'escalier. L'homme me demande :

— Madame, vous avez quelque chose à nous déclarer à ce sujet ?

Il répond à ma place :

— Non.

Le fonctionnaire l'interrompt :

— Si vous permettez monsieur, c'est à madame que je pose la question.

J'en aurais pleuré. Comment peuvent-ils m'interroger ainsi en sa présence ? Comment puis-je leur répondre alors que l'incarnation du mal est là, sur le canapé, à mes côtés ? Des yeux, je cherche un secours, une aide, en direction de la femme, mais je ne la trouve pas. Je sais que je ne le devrais pas, mais je ne peux m'empêcher de le regarder, lui, et je finis par baisser les yeux. C'est en fixant mes chaussures que je m'entends répondre :

— Non, tout va bien.

— Bien. Dans ce cas-là, excusez-nous de vous avoir dérangés.

Ils repartent satisfaits, le sentiment du devoir accompli. Après leur départ, je n'ai toujours pas relevé la tête. Lui triomphe :

— Tu vois ! Tu peux faire déplacer tout un régiment, tu n'auras jamais gain de cause.

Plus la date du divorce approche, plus il se fait menaçant verbalement et physiquement.

Un soir, alors que nous sommes assis dans la cuisine, face à face, il me demande de l'accompagner le lendemain à la Société Générale pour autoriser un virement de 20 000 francs sur son compte. Je refuse et j'entends que ce soit clair entre nous :

— C'est terminé. Je ne signerai plus de caution ni d'autorisation de virement pour toi.

Mes propos le mettent hors de lui. Il a les yeux exorbités. Il saisit un couteau de cuisine, se lève, se positionne derrière moi, passe son bras autour de mon cou, et fait glisser la lame le long de ma gorge. Je sens la froideur de l'acier sur ma peau.

— Tu crois que tu vas réussir à partir ? Mais ta vie est foutue. À vie, tu entends, tu resteras à vie avec moi !

— Vas-y. Tranche-moi la gorge ! Au moins, j'aurai la satisfaction que tu pourrisses en prison.

— Mais qu'est-ce que tu crois ? En faisant passer ça pour un crime passionnel, sous le coup de la colère, ça va chercher dans quoi ? Deux ans. Et avec un bon avocat, j'obtiendrai un petit sursis en prime. Non, je ne resterai pas longtemps derrière les barreaux.

Je ne sais comment, je parviens à rester impassible. Il finit par retirer son bras de mon cou. Il va dans le salon, comme si de rien n'était. La situation est complètement déroutante, car je ne sais pas jusqu'où il est vraiment capable d'aller.

La veille du divorce, je suis à deux doigts de craquer. Ses dernières menaces me glacent :

— La prochaine fois, ce n'est pas à la porte de tes parents que je mettrai le feu (au passage, quel aveu !) c'est à leur maison tout entière. Comme elle est handicapée, ta mère se traînera, elle rampera comme un ver, et toi, tu la retrouveras carbonisée dans l'escalier. Ce n'est pas toi que je tuerai, non. Ce sont tes filles ! Pour que tu souffres toute ta vie !

Le divorce

Le 24 mai 1994, je brise définitivement mes chaînes. Il n'a plus aucun droit sur moi. Bien qu'il me reste des étapes à franchir, vis-à-vis de la loi, il n'est plus rien pour moi. Maintenant que j'ai obtenu le divorce, je vais pouvoir organiser ma nouvelle vie, à commencer par me chercher un appartement dans Paris, à proximité de mon magasin.

Yan vivant désormais en Bretagne, Kaya est à l'abri. Quant à Emma, je dois la mettre en garde. À mes parents, je donne la consigne de ne plus jamais lui ouvrir la porte.

Je demande à Marie-Pierre si elle serait intéressée à travailler à temps complet dans ma boutique. Je ne lui cache pas qu'il risque de mal réagir. Elle en est consciente et pourtant elle accepte bien volontiers.

Le soir même, son fils David vient dîner. Avant de préparer le repas, je me mets au repassage. Je sors la corbeille de linge, la table, le fer à vapeur, et tout en repassant, je lui annonce que Marie-Pierre travaillera désormais à temps complet avec moi. Il refuse de me croire :

— Ça m'étonnerait ! Marie-Pierre ne voudra jamais me quitter. Elle a toujours travaillé avec moi.

— Peut-être, mais j'en ai parlé aujourd'hui avec elle, et elle est d'accord.

Il bondit, je m'écarte. Il saisit le cordon électrique de la centrale vapeur et fait virevolter le fer au milieu de la pièce comme un lancer de marteau aux Jeux Olympiques. Je me recroqueville de peur que le cordon ne cède. David hurle :

— Mais tu es fou ! Tu veux nous tuer ou quoi ?! Arrête !

Mais il continue. J'attrape mon sac et, avec David, nous nous précipitons vers la porte et nous sortons.

Nous nous retrouvons dans la rue, tremblants encore de peur. Nous marchons sans savoir où aller.

Charles est resté dans l'appartement, mais, moi absente, je sais qu'il ne lui fera pas de mal. Quand il avait déposé notre bébé sur les bris de verre, ce n'était pas à Charles proprement dit qu'il voulait faire du mal, mais à moi. Quand il s'en prend aux enfants, c'est toujours en ma présence, pour que j'en sois témoin.

David me conduit chez une tante, Florence, qui n'habite pas loin. Elle nous reçoit. Elle voit bien que nous sommes choqués et bouleversés. Elle accepte de nous garder pour la nuit. L'appartement n'étant pas très grand, nous dormirons par terre. Dormir est un bien grand mot. Nous ne fermerons pas l'œil de la nuit.

Le lendemain, il a bien fallu retourner à l'appartement. Je suis rentrée sans faire de bruit. J'ai préparé le petit-déjeuner pour mon fils, puis je l'ai emmené à l'école maternelle.

Je suis allée au magasin et j'ai raconté à Marie-Pierre ce qui s'était passé la veille. Elle maintient sa décision de venir travailler à plein temps avec moi.

Le soir, à la maison, il recommence à me prendre la tête. Il m'empêche de dormir, je n'en peux plus, je prends mon sac, et je pars.

Cette fois, je vais coucher dans la cave. Là au moins, personne ne viendra me réveiller. Mais la cave se révèle trop étroite, je n'ai pas suffisamment de place pour m'allonger, et puis il fait froid. Je décide d'aller dormir sur le siège arrière de ma voiture, ce sera toujours plus confortable.

Au bout d'une heure, les vitres sont embuées. Des pas résonnent dans le garage. Je me laisse glisser sur le plancher pour ne pas être vue. On cogne sur les vitres à coups de poing. Je suis morte de peur. Je relève la tête, évidemment, c'est lui.

— Ouvre ou je défonce les vitres !

J'ouvre et je sors par la porte opposée. Je me dirige vers les ascenseurs. Il me poursuit. Arrivée dans l'appartement, je m'assois sur le canapé et je ne prononce plus un mot, je reste immobile en attendant que le temps passe. Il va se coucher, je m'allonge sur le canapé.

Le lendemain, après avoir déposé Charles à l'école, je file à mon magasin. Je fais un dernier inventaire avant de me rendre au Sentier. J'en reviens, je dépose tous les achats en donnant des consignes à Marie-Pierre pour l'étiquetage. Je récupère Charles à l'école et je rentre à la maison.

Il est là, à moitié groggy. C'est à cause des cachets qu'il prend pour dormir, et des cachets qu'il prend pour se réveiller. Nous n'échangeons pas une parole. Je prépare le repas. Nous mangeons.

Au moment où je repars déposer Charles à l'école, il m'attrape par le bras et me gifle. Je saisis un stylo Bic que je lui plante dans le bras avec suffisamment de violence pour le faire saigner. J'en profite pour prendre Charles dans mes bras, mon sac, mes clés, et je m'enfuis. Je cours avec mon fils jusqu'au deuxième sous-sol du parking. Au moment où je regagne ma voiture, je l'aperçois qui court vers moi. Le temps que j'installe Charles sur la banquette arrière, il m'a déjà rejointe. Il attrape l'anse de mon sac, mais je m'agrippe pour qu'il ne puisse pas me l'arracher. Je hurle de toutes mes forces. Un monsieur arrive :

— Qu'est-ce qui se passe ? Madame, vous avez besoin d'aide ?

— Oui, oui, je vous en supplie…

L'homme s'adresse alors à lui :

— Laissez cette femme tranquille !

— Et toi, occupe-toi de tes affaires !

Mais l'homme insiste. Le ton monte. Je profite de ce qu'ils s'empoignent pour prendre le volant et partir en trombe.

J'arrive au magasin sans avoir déposé Charles à son école. Je raconte à Marie-Pierre la scène de violence que je viens de subir. Spontanément, elle me tend un trousseau :

— Tiens. Voilà les clés de chez moi. Vas-y tout de suite.

— Merci beaucoup. S'il passe, bien sûr, tu ne m'as pas vue.

— Bien sûr.

Je repars en courant avec mon fils dans les bras. Au domicile de Marie-Pierre, et pour le plus grand bonheur de Charles, un chat nous accueille. C'est celui de Marie-Hélène, l'amie de Marie-Pierre. Je peux enfin souffler.

Le soir, Marie-Pierre et Marie-Hélène sont de retour. Toutes deux me proposent de rester chez elles aussi longtemps que nécessaire, le temps de trouver un appartement et de me retourner. Leur soutien me réconforte. Elles me sauvent la vie.

Le week-end, je le passerai avec Charles dans leur appartement. Le samedi, Marie-Pierre me prévient qu'il est passé au magasin pour se renseigner. Elle a joué la comédie :

— Je n'ai pas de nouvelles depuis hier matin. Je m'inquiète, ce n'est pas son genre. Vous croyez qu'il lui est arrivé quelque chose ?

Le lundi matin, je dois déposer Charles à la maternelle. À la directrice de l'école, je laisse pour consigne de ne confier en aucun cas l'enfant à son père. Je suis la seule à pouvoir le récupérer. Nous sommes divorcés, il n'a qu'une autorisation d'un week-end sur deux.

Je me rends au magasin. Avec Marie-Pierre, nous ne sommes pas très rassurées. On s'attend à le voir surgir à tout moment. D'ailleurs, il ne tarde pas à arriver sur son scooter. Il monte sur le trottoir et stationne devant la porte. Il ne retire pas son casque, il lève juste la visière, et il me lance :

— J'ai deux mots à te dire !

— Nous n'avons plus rien à nous dire ! On est divorcé et si tu continues à me harceler, j'appelle la police.

Visiblement, il ne s'attendait pas à une telle réaction. Il fait demi-tour et il redémarre comme un malade. Je ne le verrai plus de la journée.

Le lendemain, ma mère m'appelle :

— Il en a fait une belle encore, ton zèbre !

Je m'inquiète pour mes parents, je redoute le pire. Mais ma mère me rassure :

— Non, non, ne t'inquiète pas, nous, on va bien. C'est lui qui n'est pas en forme.

Et de me raconter :

— On a d'abord entendu une voiture se garer devant notre portillon. J'ai pensé : « Mais qui est l'abruti qui vient se mettre comme ça juste devant notre portail ? » Je suis allée voir. Je me suis souvenu du conseil que tu m'avais donné, et depuis, je n'ouvre que le haut de la porte. Et qui j'aperçois ? Ton zèbre. Mais attends, c'est qu'il avait une arme à la main. Ah, j'ai tout de suite refermé le vantail, et je me suis baissée. Et là, j'entends un coup de feu. Je me relève et j'ouvre à nouveau le vantail, et qu'est-ce que je vois ? Il était étalé par terre. Il s'était tiré dessus. J'ai refermé le vantail et j'ai rejoint ton père dans la salle à manger, qui m'a demandé : « Mais qu'est-ce qui se passe ? » Oh, alors là, je me suis rassise, j'ai repris mon journal, et j'ai dit à ton père : « C'est rien, c'est juste l'autre qui s'est tiré une balle. » Et on n'a pas bougé. C'est la voisine, tu sais, celle qui est infirmière, qui est sortie. Quand elle l'a vu au sol qui perdait son sang, elle a tout de suite appelé les secours. Une ambulance et deux voitures de police sont venues. On n'avait jamais vu ça dans l'impasse Saint-Marc. La police nous a interrogés. Moi, j'ai dit les choses comme elles s'étaient passées : il s'est garé devant notre portail, il s'est tiré une balle.

La police récupérera le pistolet pour lequel il n'avait pas de port d'arme. Quant à mes parents, ils devront faire appel à la fourrière pour faire retirer la voiture qui obstruait l'entrée de leur maison.

Ce sont ses parents qui m'appellent pour me donner de ses nouvelles – il s'en sortira – et pour me demander de passer le voir. Je refuse de lui rendre visite. Je ne veux plus rien avoir affaire avec lui.

Les deux semaines qui suivent, nous sommes tranquilles. Il n'a même pas essayé de récupérer Charles à l'école. Il ignore les consignes que j'ai laissées à l'école. Il ne sait pas où j'habite, mais je reste vigilante. Je fais en sorte de partir du magasin après avoir récupéré Charles. Marie-Pierre, elle, rentre accompagnée de Marie-Hélène qui passe la prendre à la fermeture.

Mais la situation me paraît bien trop paisible. Cela a tout du calme avant la tempête. Je ne peux pas croire qu'il ait renoncé à me nuire. Il doit mijoter quelque chose…

Un jour, alors que je vais chercher Charles à l'école, je ne retrouve plus ma voiture. Pourtant, Marie-Pierre et moi sommes certaines que j'ai laissé le véhicule dans cette rue, sur le trottoir d'en face. Mais ce qui me préoccupe le plus, c'est que, sur le siège arrière, se trouvait une sacoche remplie de papiers importants pour les démarches administratives.

Dans l'immédiat, je n'ai pas le choix, il me faut prendre le métro si je veux être à l'heure pour récupérer Charles.

Quand je reviens au magasin, Marie-Hélène est déjà là pour nous ramener tous ensemble à la maison, dans sa petite fourgonnette. Je m'installe à l'arrière, sur le plancher, avec Charles, ce qui l'amuse. Devant la gare de l'Est, à un feu pour piétons, Marie-Hélène s'écrie :

— Baissez-vous ! C'est lui ! Je l'ai reconnu sur son scooter. Il est en face, au feu opposé. Il nous a en ligne de mire.

Nous nous couchons tous les quatre dans la fourgonnette. À travers une ouverture, je peux l'observer sans qu'il me voie. Le feu passe au vert, il démarre. Marie-Hélène, elle, ne bronche pas, ce qui provoque instantanément une bronca de klaxons des véhicules derrière nous. Il arrive à notre hauteur, regarde dans notre direction, étonné sans doute de ne voir personne au volant de cette fourgonnette. Selon toute vraisemblance, il se rend au magasin dans l'espoir de m'y trouver. S'il avait su que je me cachais là, avec Charles…

Le soir, nous décidons de passer à la contre-offensive : nous allons tenter de récupérer ma voiture. On pense que les jours de pluie, il pourrait être tenté de laisser son scooter et de prendre la voiture pour se rendre à son magasin. Nous prévoyons donc d'aller tourner autour de sa boutique, d'inspecter dans les parages. Pour une fois, les rôles seront inversés, c'est lui qui va faire l'objet d'une surveillance.

Ce jour-là, la météo est de notre côté. Il pleut. Il est dix-sept heures, Marie-Pierre tient la boutique jusqu'à la fermeture. Je pars avec Marie-Hélène pour le XXe arrondissement. Nous tournons dans les ruelles attenantes au magasin, quand soudain, bingo ! À cinq cents mètres de la boutique, la Volkswagen est là. Je descends, avec mon jeu de clés, j'ouvre la portière, je me mets au volant et je démarre. Marie-Hélène me suit avec sa fourgonnette. Je passe prendre Charles à l'école et je rentre directement à la maison de Marie-Pierre. Mission accomplie ! Si ce n'est que ma pochette contenant tous les papiers importants a disparu. Il y avait là le livret de famille, le carnet de santé de Charles, les comptes du magasin, ma carte d'identité… bref toute ma vie administrative et un peu plus. Et tel que je le connais, il se sera fait un plaisir de tout expédier à la poubelle.

Le lendemain, je pose un antivol de volant. Tant qu'il conservera un double des clés, il ne lâchera rien. Il va chercher à la récupérer par tous les moyens.

Le week-end où il en a la garde, je confie Charles à ses parents qui l'emmènent à Saintry-sur-Seine.

Le samedi midi, généralement, nous déjeunons entre filles, *Chez Irma,* un café qui se situe à deux pas du magasin. Ce n'est pas trop cher, c'est rapide, le patron et les employés sont sympathiques. Nous sommes devenues des habituées.

Nous sommes attablées toutes les trois, en terrasse couverte, quand tout à coup, il entre, s'assoit, et tire la nappe, renversant tout ce qu'il y a sur la table. Ce qu'il ignore, c'est que Marie-Hélène, adepte des arts martiaux, a du répondant. Elle se lève, lui saute à la gorge et pratique un étranglement. Cela exige peu de force. Un minimum d'énergie pour un maximum d'effets. Le patron, craignant que cela ne tourne vinaigre, demande à Marie-Hélène d'arrêter. Il est vrai qu'il est tout rouge et qu'il a du mal à respirer. Elle le relâche. Ayant repris ses esprits, il repart, menaçant tout de même de ne pas en rester là. Je crois surtout qu'il a eu la honte de sa vie.

La semaine suivante, la banque m'appelle pour m'informer de la situation de mon compte :

— Vous savez, madame, que vous êtes à découvert de 19 500 francs.

— Mais comment ça ?! Ce n'est pas possible. La dernière fois que j'ai consulté mon compte, il me restait encore 500 francs. C'est une erreur.

— Pas du tout. En fin de semaine, vous avez fait un virement de 20 000 francs à monsieur Dubos.

— Ah non ! Certainement pas. Je n'ai jamais fait un tel virement. Dites-moi, je peux passer à l'agence pour que vous me montriez la preuve de la demande de virement ?

— Oui, bien sûr. Je vous attends.

La banquière me produit effectivement un justificatif du virement. Après l'avoir examiné attentivement, je lui demande :

— Vous pouvez me ressortir le document avec ma signature lors de l'ouverture de mon compte ?

— Oui, naturellement.

La simple comparaison des deux signatures prouve que l'on a imité la mienne :

— Vraiment ? Vous pensez que c'est ma signature ?

Elle doit convenir de la supercherie.

— Alors vous allez remettre cet argent sur mon compte, à l'instant.

— Ah, mais ce n'est pas possible.

— Et pourquoi donc ?

— C'est que cet argent n'est plus sur le compte de monsieur Dubos.

— Ça, je m'en moque. Je ne suis pas l'auteur de ce virement. Vous auriez dû vous assurer de l'authenticité de la signature. Et puis d'abord, est-ce que j'ai l'autorisation pour un tel découvert ?

— Non.

— Alors pourquoi avez-vous accepté de mettre mon compte à découvert de 19 500 francs ? Vous trouvez cela normal ? Aujourd'hui même, si cette somme n'est pas revenue sur mon compte, j'adresse au siège de la Société Générale, une lettre recommandée, avec tous les justificatifs en ma possession. Je pense que vous n'êtes pas près de refaire la même erreur dans votre carrière.

Il me faudra tout de même en passer par une lettre recommandée. Mais une semaine plus tard, un virement de 20 000 francs sera effectué sur mon compte. Accompagné d'une lettre d'excuses par la Poste.

Cela devient impossible pour moi de rester au magasin. Il rôde en permanence dans les parages. Il nous est difficile de travailler sereinement.

Une amie commerçante cherche une vendeuse pour sa boutique de Neuilly-sur-Seine. Je lui explique ma situation et je lui propose de la tenir. Elle accepte. Désormais, je travaille à Neuilly, à part le lundi, où j'effectue mes achats personnels au Sentier.

Marie-Pierre tenant seule la boutique, il n'a plus de raison de traîner dans le quartier. Mais le prédateur n'apprécie guère d'être privé de sa proie. Il est excédé de ne pas savoir à quoi j'occupe mon temps.

Un jour, Marie-Pierre m'appelle, paniquée :

— Il vient de me téléphoner. Il m'a dit qu'il était en train de pointer un fusil sur ma tête et que j'avais intérêt à fermer le magasin tout de suite.

— Marie-Pierre, c'est du baratin. Ne l'écoute pas.

— Il ne baratine pas. La preuve, il m'a dit que j'avais un bandana rouge autour du cou.

— Bon, d'accord Marie-Pierre. Ferme le magasin et rentre chez toi.

Pourtant, je suis persuadée que c'est du bluff. Je le vois mal dans une voiture, en face de la boutique, visant avec un fusil Marie-Pierre à la caisse. Il se serait tout de suite fait repérer.

Le soir, je tente de la rassurer. Elle a vraiment été choquée. Je lui explique qu'il ne faut pas avoir peur :

— C'est de l'intimidation. Il veut t'empêcher de tenir le magasin pour m'obliger à revenir.

Marie-Pierre se laisse convaincre. Nous reprenons nos habitudes et tout est rentré dans l'ordre.

Je dois trouver un appartement au plus vite. Je ne peux vivre indéfiniment chez Marie-Pierre. Pas très loin du magasin, avenue

Jean-Jaurès, j'ai repéré, dans un immeuble de plus de quinze étages, un studio. J'explique au déménageur :

— Les meubles se trouvent chez mon ex-mari. Je le préviendrai de notre passage et je vous accompagnerai. Sur place, je vous indiquerai tout ce que vous devrez charger. Si vous sentez une agressivité, ne vous laissez pas impressionner, je suis dans mon droit. Il n'y a pas beaucoup de meubles à emporter et ils ne sont pas encombrants. Mais surtout, je vous en supplie, si mon ex vous demande l'adresse où vous emmenez les meubles, vous répondrez que vous n'en savez rien. D'ailleurs, si vous n'y voyez pas d'inconvénient, pour l'instant, je ne vous donne pas l'adresse. Vous n'aurez qu'à me suivre. Je vous indique juste que c'est dans Paris. On est d'accord ?

— On est d'accord.

Le jour du déménagement, il n'ose pas intervenir, ni même protester. Je suppose que la présence de trois gros bras l'en a fortement dissuadé. Aurait-il tenté de s'y opposer qu'il n'aurait pas fait le poids.

En fin de journée, tout est déposé en vrac dans mon nouvel appartement. Je suis éreintée, mais heureuse.

Pour fêter ma nouvelle installation et mon nouveau départ dans la vie, je pends la crémaillère. Marie-Pierre et Marie-Hélène me donnent un coup de main en cuisine. À vingt heures, nous sommes tous à chanter et à danser. Même si je ne suis pas sortie d'affaire, je me sens enfin libre…

Vers vingt-deux heures, on sonne à la porte. Avec Marie-Pierre, on se regarde, inquiètes et intriguées. Je vais ouvrir. Et là, dans le couloir, je découvre des policiers, qui sortent de partout, des escaliers, de l'ascenseur. Ils portent des gilets pare-balles. Je suis complètement ahurie. L'un d'eux m'explique :

— On vient de nous appeler comme quoi des terroristes habitent cet appartement.

Je tente de les rassurer, je les fais entrer pour qu'ils constatent par eux-mêmes qu'il n'y a pas de « terroriste » parmi nous. Ils repartent, désolés de nous avoir fait peur. La porte refermée, nous éclatons de rire. Pas besoin de chercher bien loin pour savoir qui est l'auteur d'un tel coup de fil. Nous poursuivons la fête jusqu'à ce que l'on sonne à nouveau à la porte. J'ouvre. Cette fois, c'est un monsieur, seul et non armé. C'est mon voisin du dessus qui nous demande de faire moins de bruit. Il est minuit, je le prie de nous excuser et je lui assure que nous allons terminer la soirée tranquillement.

J'ai fini par savoir comment il avait retrouvé ma trace. Il avait tout simplement téléphoné au déménageur – son numéro était inscrit sur son camion –, et malgré mes recommandations, celui-ci lui avait donné ma nouvelle adresse.

Il n'a pas renoncé à harceler mes parents. Il leur mène une guerre d'usure avec le téléphone. Ma mère ne me cache pas qu'ils n'en peuvent plus :

— Je suis fatiguée et ton père ne dort plus, il fume cigarette sur cigarette. Rien que cette nuit, entre vingt-trois heures et minuit, le téléphone a sonné trois fois, et encore une fois, à quatre heures trente.

Mes amis me suggèrent de lui rendre la pareille. Ils se proposent même d'appeler à tour de rôle ses parents. Comme il habite désormais avec eux, il décryptera rapidement le message. Marie-Pierre ouvre le bal infernal à vingt-trois heures, Pascal enchaîne à minuit, moi à deux heures, et Marie-Hélène, qui se lève aux aurores, clôture à cinq heures du matin. La partie est trop inégale pour lui, il ne peut pas rivaliser contre nous quatre. Au bout d'une semaine, mes parents peuvent de nouveau dormir sur leurs deux oreilles.

Un lundi, il me demande de venir chercher Charles en bas de chez lui. Je m'y rends. Il m'attend. Je saisis la main de Charles, et je pars, sans m'attarder. Il me rattrape :

— Ana, je veux te parler.

Je refuse de m'arrêter pour l'écouter.

— S'il te plaît.

— On n'a plus rien à se dire.

Je m'apprête à monter dans ma voiture. Une camionnette arrive à notre hauteur. Il attend qu'elle nous ait dépassés de deux mètres environ et il se jette contre le côté du véhicule. Il retombe sur la voie.

Je fais monter Charles dans la voiture. Le conducteur de la camionnette sort, paniqué. Il me prend à témoin :

— Vous avez vu madame ? C'est lui qui s'est jeté contre mon véhicule !

— Oui, oui, monsieur. Je confirme. Je l'ai vu se jeter volontairement contre votre véhicule.

Je m'approche de lui :

— Arrête ton cinéma. Et relève-toi.

Une autre personne, qui a assisté à la scène, a appelé les pompiers. Ceux-ci sont rapidement sur place. Ils sortent leur brancard, et au moment de le monter dans l'ambulance, il leur dit :

— Ma femme est là.

Les pompiers se tournent vers moi et me demandent :

— Vous êtes sa femme ?

— Non, je ne le suis plus. Je suis son ex.

— Vous pouvez quand même nous suivre ?

— D'accord.

Je retourne à ma voiture. Charles me demande :

— C'est papa qui est dans la voiture des pompiers ?

— Oui, mais ce n'est pas grave. Il ne faut pas t'inquiéter.

Nous démarrons. Je suis l'ambulance des pompiers. Au premier carrefour celle-ci tourne à gauche, et moi, à droite. Charles s'en est aperçu :

— Maman, les pompiers sont partis de l'autre côté.

— Ne t'inquiète pas. Papa va ressortir ce soir.

Le lendemain, je dépose Charles à l'école. Mais ne me sentant pas très bien, je retourne à la maison. Je prends ma température. Il se confirme que j'ai de la fièvre : 39°. Je téléphone à Marie-Pierre et je lui demande d'ouvrir le magasin à ma place. Je ne passerai pas de la journée. L'après-midi, je ne suis pas mieux, je frôle les 40°. Je vais tout de même prendre Charles à la sortie de l'école et nous rentrons à la maison. Je suis une larve. Je fais manger mon enfant ; à vingt heures trente, je le mets au lit. Heureusement, il est mignon et il ne pose pas de problème pour s'endormir. J'avale du Doliprane, plus qu'il n'en faut, et je vais moi aussi me coucher.

Le lendemain, je suis clouée au lit, je ne vais pas mieux. Je me lève avec peine, je réveille Charles, je lui fais prendre son petit-déjeuner et je m'habille pour le conduire à l'école. Je vais directement consulter un docteur. Il se contente de me donner du Doliprane. Je retourne me coucher car je ne tiens plus debout. J'appelle Marie-Pierre et je lui explique que je ne suis toujours pas en état de venir travailler. Le soir, je me lève pour aller récupérer Charles à l'école. La soirée est identique à celle de la veille, je ne mange même pas, j'en suis incapable.

Le lendemain, je me fais violence pour déposer Charles à l'école et je retourne voir le médecin. Je lui explique que je suis à bout de forces, que je ne veux plus me traîner ainsi. Cette fois, il semble me prendre au sérieux puisqu'il me fait hospitaliser. Je préviens Marie-Pierre et je lui demande de récupérer Charles à l'école et de bien vouloir s'en occuper pendant quelques jours. Je ne pense pas rester bien longtemps à l'hôpital. J'informe la directrice de la maternelle.

L'équipe médicale procède à une batterie d'examens. Incapable de m'alimenter – je pèse alors quarante-quatre kilos –, on me met sous perfusion. Le lendemain matin, la fièvre n'ayant toujours pas baissé, je ne peux pas sortir. Pourtant, on ne lésine pas sur la dose d'antalgique. L'équipe médicale est dans le brouillard. C'est en m'interrogeant sur ma vie personnelle que tout s'éclaire : je suis dans un état de grand stress que je m'efforce de maîtriser, mais que mon corps ne supporte plus.

Ce n'est que le quatrième jour que la fièvre retombe. Avant ma sortie, j'ai un entretien avec le médecin. Il me conseille de prendre Lexomil pour passer toutes ces épreuves et d'essayer de dormir pour récupérer. Sans quoi, à ce rythme-là, je ne tiendrai pas longtemps. Je le remercie et retourne à mon domicile avant de récupérer Charles à l'école. Je me passerai de Lexomil. Je ne pense pas que ce soit la solution.

Ce n'est pas parce que je suis parvenue à quitter mon bourreau que les peurs et les angoisses qu'il a fait naître en moi me quitteront du jour au lendemain. Longtemps, elles me poursuivront, longtemps, elles me colleront à la peau.

Décembre 1995

La France connaît une grève des cheminots, qui paralyse le pays. Rue du Faubourg-Saint-Martin, les Parisiens passent devant le magasin par centaines, mais personne n'a la tête à faire les achats de Noël. Ils se rendent à leur travail par le seul moyen de transport qui leur reste, leurs deux jambes. Pour effectuer mes achats au Sentier, je n'ai tout au plus que cinq kilomètres à parcourir. Partie à huit heures, je ne suis pourtant de retour qu'à quatorze heures. À certains ronds-points, je suis restée bloquée deux heures. Impossible d'avancer. C'était de la folie.

Sur le plan social, la situation s'aggrave au fil des jours, ce qui n'est jamais bon pour le commerce. Or, le mois de décembre est celui où, comme beaucoup de commerçants, je réalise mon plus important chiffre d'affaires, celui également qui me permet de tenir le reste de l'année. Cette paralysie survient donc au pire moment pour moi. Pour décrocher l'appartement, payer la caution et le loyer en cours, pouvoir acheter du stock avant les fêtes, j'ai eu besoin d'un découvert bancaire de 100 000 francs (15 000 euros). Cela n'a pas été facile. Et voilà que le chiffre d'affaires de 100 000 francs, que j'escomptais pour décembre, tombe à 70 000 francs. Une catastrophe.

18 décembre 1995

Il est vingt heures, je suis à la maison avec Charles et Marie-Pierre. Ces derniers jours, c'est plat unique, des pâtes. Charles suggère à Marie-Pierre :

— Tu devrais mettre du ketchup, c'est meilleur. Hier, j'ai mis du gruyère, et demain, je mettrai du beurre.

Nous éclatons de rire. Nous suivons le conseil de mon garçon. Il n'a pas tort, le Ketchup constitue un petit supplément.

Le téléphone sonne, je décroche. C'est ma mère en pleurs :

— Edwige est morte. On vient d'en parler à la télé.

— Mais arrête maman ! Qu'est-ce que tu racontes ? Tu dis n'importe quoi ! Et puis d'abord pourquoi on parlerait d'Edwige à la télé ?

— Regarde les informations, tu verras…

— Écoute, le mieux c'est que je te rappelle.

J'allume la télé, convaincue que ma mère a mal compris ou confondu ma sœur avec une autre personne. J'écoute… J'apprends que dix-sept personnes, membres de la secte de l'Ordre du Temple Solaire, ont été retrouvées mortes dans le Vercors. Le journaliste énumère les noms. Et j'entends distinctement celui de ma sœur et de son mari. J'éclate en sanglots. Ce n'est pas possible. Edwige, que j'avais eue au téléphone quelques mois auparavant, m'avait assuré qu'elle avait rompu avec la secte peu après son retour du Canada. Je l'entends encore me dire qu'elle avait ouvert les yeux, qu'elle avait compris qu'ils avaient été exploités, et que c'était terminé. Je suis incapable de rappeler ma mère pour lui confirmer le décès de ma sœur. Je suis anéantie…

Charles a fini de manger, il doit aller au lit, Je l'accompagne pour son petit câlin du soir. Ayant compris qu'il se passe quelque chose d'anormal, mon garçon veut, à sa façon, me rassurer :

— Ce n'est pas grave maman si, ce soir, tu ne me racontes pas d'histoire.

— Merci trésor. Maman le fera demain soir.

Je rejoins Marie-Pierre :

— Ne m'en veux pas si je vais me coucher, mais ce que je viens d'apprendre est vraiment trop dur… Je t'expliquerai demain.

Ma sœur et son mari sont morts dans la nuit du 15 au 16 décembre 1995. Je me suis constituée partie civile. Mais la procédure judiciaire dure si longtemps que je dois renoncer. C'est alors que Maître Alain Leclerc, avocat de l'ancien champion de ski Jean Vuarnet, dont la femme et l'un des fils figurent au nombre des victimes, me propose de prendre en charge mes frais, à condition que je poursuive la procédure. Ce que j'accepte.

L'expertise médicale a démontré que, sur seize victimes, quatorze, dont ma sœur, avaient, *ante mortem*, absorbé des benzodiazépines et de la digoxine. Un expert devait préciser que cette dernière substance pouvait provoquer, en cas de surdosage, un état de somnolence ou d'agitation, des céphalées ou des troubles cardiaques, et les benzodiazépines des effets hypnotiques, et, en cas de surdosage, là aussi une somnolence, des baisses de vigilance et des hypotonies musculaires.

Enfin, les constatations médico-légales ont mis en évidence la présence, sur la tête des victimes, de sacs en plastique. Celles-ci ont établi que les victimes étaient toutes décédées au moment de leur embrasement. Seuls Jean Pierre Lardanchet et André Friedli n'avaient pas de traces de benzodiazépines dans leurs organismes.

Lors du procès, le légiste, le docteur Éric Baccard, a expliqué à la barre que, le jour du drame, les quatorze adeptes de la secte se sont retrouvés en forêt, dans une petite clairière, après avoir absorbé des médicaments. Drogués, ils se sont disposés « *en cercle, les pieds à l'intérieur du cercle, la tête couverte d'un sac en plastique.* »

Puis, les deux dirigeants de l'Ordre du Temple Solaire, l'architecte André Friedli et le policier Jean-Pierre Lardanchet, ont tué chacun des membres allongés d'une balle de pistolet 22 long rifle dans la tête et le thorax. À propos des trois enfants, le docteur Éric Baccard a indiqué : « *L'exécution des enfants a sans doute suscité un mouvement de révolte de la part des mères, ce qui explique que les tueurs leur ont porté des coups violents pour les assommer.* » En effet, les crânes de ces deux mères de famille ont révélé des traces de fractures. Toujours selon le médecin légiste, après avoir tué les adeptes, les deux chefs ont recouvert les cadavres de bois sur lequel ils ont versé de l'essence, et ils y ont mis le feu.

André Friedli est apparu comme le rédacteur du dessin comportant les initiales de quinze victimes. Il est par ailleurs considéré comme l'un des deux exécuteurs du Vercors. Il aurait été le chef d'orchestre de cette macabre exécution.

La lecture du rapport du parquet de Grenoble fut insupportable. Je ne suis pas parvenue à lire, dans sa totalité, le dossier de l'expertise scientifique ni les rapports des différentes expériences de carbonisation sur des cadavres de porcs de boucherie afin de déterminer les quantités de carburant et de combustible lent nécessaires pour occasionner des dégâts et des lésions corporels tels que ceux effectivement constatés sur les victimes.

Je m'interroge. Qui sont les responsables ? Qui a manipulé les deux exécuteurs ?

Après avoir fait mes comptes, le résultat se révèle catastrophique : je ne peux plus payer le loyer du magasin ni le salaire de Marie-Pierre ni rembourser la banque. Et ne parlons pas de mon salaire. Je vais devoir déposer les bilans, les comptes d'exploitation et tous les papiers nécessaires au tribunal. Au propriétaire, je propose de lui rendre le fonds en compensation de tout ce que je lui dois, à savoir au moins trois mois de loyer. À la remise des clés, le compte sera soldé. Il accepte ma proposition.

Je suis convoquée au tribunal. Cela est assez impressionnant. Devant cinq juges, il me faut justifier mon dépôt de bilan. J'explique que la grève de décembre a été fatale à mon commerce. Ayant déjà, en temps ordinaires, beaucoup de mal à me rémunérer, le manque de chiffre d'affaires n'est plus rattrapable. Ce qui plaide en ma faveur, c'est que je ne dois rien aux impôts, rien à l'Urssaf, rien au propriétaire. Par contre, le tribunal aurait préféré que je ne cède pas le fonds au propriétaire en compensation des loyers impayés. Je feins l'étonnement. Je me veux de bonne foi et soucieuse de ne léser personne. Au final, j'ai si bien défendu mon dossier que je n'entendrai plus parler de ce que je devais aux fournisseurs, à EDF, à la banque…

Je suis allée voir le banquier, qui n'était pas enchanté, bien sûr. Je lui ai certifié que ce n'était pas prémédité, que j'étais ruinée, et que je ne pourrais pas m'acquitter de ma dette. Et pour lui prouver ma bonne foi et ma bonne volonté, je lui ai dit que si, parmi ses clients, il pouvait me recommander pour un poste de comptable, je m'engagerais à rembourser la banque tous les mois jusqu'à épuisement de la dette. Ma plaidoirie terminée, je lui ai serré la main, et je suis partie. Et du banquier non plus, je n'ai plus entendu parler. Il aura dû se faire une raison.

Pour ma part, je n'ai même pas droit au revenu minimum. J'en suis à ne plus pouvoir payer mon loyer avenue Jean-Jaurès. Je donne mon congé, mais où aller ?

Mon frère Lionel habite Épinay-sur-Seine. Il vit avec son amie Monique. Celle-ci travaille dans un bar-restaurant, boulevard Foch. Elle m'indique qu'un appartement est à louer au-dessus de l'établissement. Il s'agit d'un petit deux-pièces, une salle d'eau et une petite cuisine, au troisième étage, sans ascenseur, l'escalier avec des murs noirs, la peinture qui s'écaille. Un cauchemar, mais pourquoi pas ? Cela vaudra toujours mieux que de coucher sous les ponts.

Pour le déménagement, je me ferai aider de Stéphane, le fils de Monique, et d'un cousin, lequel peut emprunter le camion de sa société.

Face à l'adversité, j'ai toujours su rebondir, mais cette fois, cela se révèle beaucoup plus difficile.

Un jour, on frappe à ma porte. C'est un livreur qui me demande :

— Je suis bien chez madame Dubos ?

— Oui, c'est moi. C'est pour quoi ?

Sans me répondre, l'homme dépose à mes pieds quatre cartons, en me demandant de bien vouloir signer le reçu. Je voudrais tout de même comprendre :

— Mais c'est quoi ?

— C'est Monoprix, madame. Une livraison.

Je n'insiste pas trop, je signe. Je rentre les cartons et je commence à les déballer : un poulet, du fromage, des pâtes, des yaourts, des légumes, du saucisson… Il y a à manger pour quinze jours. Finalement, je me ravise. Je n'ose plus ranger toute cette victuaille, des fois que le livreur revienne et me dise qu'il s'est trompé, que je dois tout rendre, et même rembourser ce que j'aurai mangé…

Le téléphone sonne, c'est Emma.

— Tu as reçu ton colis ?

— Ah, ma chérie, c'est donc toi ! Oh merci ma puce ! Maintenant, je vais pouvoir ranger tout ça. J'avais tout laissé sur la table, de peur que ce ne soit une erreur et que le livreur ne vienne tout reprendre.

Emma travaille alors comme croupière dans un cercle de jeux, à Paris, où elle gagne bien sa vie.

Il me faut trouver un nouveau travail. Je vis à crédit, mes parents m'ont prêté 5 000 francs (750 euros) pour payer les deux mois de caution et le mois de loyer en cours. Je m'inscris au chômage et, divine surprise, j'ai droit à des allocations. Je n'en reviens pas. Ce que j'ignorais, c'est que lors de la vente de mon cabinet d'administration de biens, j'aurais pu bénéficier d'un chômage, calculé sur mes derniers salaires. Résultat, je touche 16 000 francs (2 400 euros) par mois. Je n'ai vraiment pas cherché à comprendre.

La vie est en passe de redevenir apaisée. J'ai retrouvé un emploi et financièrement, je m'en sors. Je ne vis pas dans le confort, mais pas non plus dans la misère. La scolarité de Charles se déroule bien, Emma me rend régulièrement visite, Kaya vient me voir pendant les vacances scolaires.

Parfois, quand Charles est chez ses grands-parents, je descends au bar-restaurant où Stéphane, le fils de Monique, organise des tournois de belote ou de tarot. Les soirées se terminent au petit matin. J'aime l'ambiance qui y règne. Je me sens en sécurité. Car la vérité, c'est que, plusieurs années après, la peur de le voir surgir à tout instant ne m'a toujours pas quittée.

Stéphane prépare le concours des assistants de l'Assemblée Nationale. Il me surprend le jour où il me demande si j'accepterais de l'aider à réviser. Pour mieux le soutenir, je vais jusqu'à m'inscrire moi aussi au concours. Et c'est au cours de nos studieuses séances de révision que va naître une histoire sentimentale que je sais impossible, à cause de notre différence d'âge.

Notre relation ne nous fait pas perdre de vue l'objectif de départ, d'autant plus que le concours s'annonce fort disputé : 2 500 prétendants pour seulement 10 places, soit 0,4 % d'admis. À l'issue du premier tour, seuls les 100 premiers pourront prétendre au second tour. Le jour du concours, je ne me sens pas très à l'aise au milieu de tous ces jeunes candidats. Et pourtant, je suis admissible. Et Stéphane aussi. Au final, je me classerai à la 67e place. Quant à Stéphane, arrivé 9e, il est reçu. Je suis très heureuse pour lui.

Tous les quinze jours, il est entendu que les grands-parents paternels viennent chercher Charles à la maison. Les instructions auprès de la directrice de l'école sont très claires. Il est interdit aux grands-parents, comme du reste au père, de prendre l'enfant directement à l'école. Du coup, je n'ai pas pu faire autrement que de leur donner mon adresse. Marcelle, la grand-mère de Charles, a pour consigne d'attendre son petit-fils en bas de l'immeuble.

Un soir où je viens chercher mon fils à la sortie de l'école, la maîtresse m'apprend qu'il est déjà parti avec son père. Je demande des explications à la directrice qui me répond que Charles a dû profiter d'un moment d'inattention pour se faufiler avec les autres enfants. Je rentre à la maison avec l'espoir de les retrouver au pied de l'immeuble. Mais je ne vois personne aux abords de l'appartement. Je suis très inquiète. Je retrouve Stéphane au bar, en compagnie de sa mère. Je leur fais part de mon inquiétude. Stéphane sort et scrute le boulevard. Au loin, il reconnaît Charles avec son père. Il va à leur rencontre et dit à mon fils :

— Charles, tu vas avec ta maman. Elle t'attend.

Charles obéit. Je le fais monter à l'appartement pour ne pas l'affoler.

Pendant ce temps, le ton monte entre les deux hommes qui se sont empoignés. Il menace Stéphane, mais nullement impressionné, celui-ci, d'un coup de poing, le fait tomber à terre. Au courant de tout ce qu'il m'avait fait subir, Stéphane s'apprête à lui donner une sévère correction. Heureusement, ses copains interviennent et l'en empêchent. Stéphane l'avertit :

— Je te préviens ! Tu es interdit de séjour à Épinay-sur-Seine. Alors tout ce que tu peux faire, c'est accompagner tes parents pour qu'ils prennent Charles. Mais toi, tu n'as pas intérêt à descendre de la voiture !

À la suite de cette altercation, il n'a plus osé mettre seulement les pieds sur le boulevard Foch d'Épinay, il ne s'est plus livré à des visites surprises, il ne m'a plus harcelée au téléphone ni au travail. De toute façon, il ignorait mon nouveau numéro, sur liste rouge, tout comme il ignorait où je travaillais.

Malheureusement, c'est l'inspecteur de police qui avait raison : une correction l'a calmé.

Il me faut absolument quitter l'appartement au-dessus du restaurant. Les jours de pluie, l'eau pénètre par le toit. On marche au milieu d'un dédale de casseroles et de récipients. Je dois parfois déplacer lits et canapé pour les mettre au sec. Malgré mes différentes réclamations, le propriétaire ne réagit pas. De plus, la nuit, quand nous allumons subitement, nous voyons des cafards longer les murs. Zoé, notre chatte, essaie de les attraper. Les cancrelats pullulent particulièrement les nuits où le propriétaire du restaurant met en marche un appareil pour les déloger de son établissement. Du coup, c'est chez nous qu'ils remontent. C'est vrai que l'on finit par s'habituer à tout.

Pourtant, je reprends espoir. Jusqu'au jour où, dans ma boîte aux lettres, je découvre un courrier d'huissier me réclamant 15 000 francs, à quoi s'ajoutent les intérêts. Faute de paiement, l'huissier passera tel jour de la semaine. J'appelle aussitôt pour essayer de démêler cet imbroglio. L'huissier est incapable de me répondre. Tout au plus, peut-il me préciser qu'il s'agit d'un jugement du tribunal de Pontoise auquel je ne me suis pas présentée. Je lui demande l'origine de cette convocation. Il me répond qu'il s'agit d'une affaire ancienne et qu'il n'a plus les dossiers. La seule chose qui importe désormais pour lui, c'est le jugement.

Trois jours avant l'échéance, j'adresse une lettre à l'huissier, identique à celle que j'accrocherai à la porte, le matin de son passage avec un inspecteur de police :

Monsieur,

Si vous pouviez éviter de fracturer la porte, n'ayant pas les moyens de changer la serrure.

J'ai déposé les clés au restaurant qui se trouve en bas de l'immeuble. Je pense que votre passage est pour faire l'inventaire de mes biens à saisir. Dans ce cas, veuillez m'indiquer si le jour de l'enlèvement, je dois vider tous les tiroirs et placards pour vous faciliter la tâche. Je vous remercie de bien vouloir redonner les clés à la personne qui se trouve au bar.

Cordialement,

En effet, le jour prévu pour le passage de l'huissier, je suis au travail. La veille, je demande à mon voisin de palier, Gérard, de bien vouloir garder ma télévision juste pour la journée. Il accepte de me rendre ce service. Finalement, personne ne passera. J'ai récupéré ma télé chez Gérard. Qui lui-même, quelques mois plus tard, me demandera si, à mon tour, je peux garder sa télévision, juste pour une journée… Entre voisins, il faut bien s'entraider.

En 1999, Stéphane et moi choisissons, d'un commun accord, de nous séparer. Nous restons bons amis. Je lui dois beaucoup. Il m'a aidée à me libérer de l'enfer dans lequel j'avais vécu.

La reconnaissance

Avril 2002

Je reçois un appel de Marcelle. Elle est en pleurs. Elle m'annonce qu'ils quittent définitivement Saintry pour Nice, où ils vont vivre auprès de leur fils Jean-Claude.

— Alors, vous comprenez, avant notre départ, nous souhaiterions revoir Charles. C'est notre petit-fils tout de même.

— Oui, bien sûr, je comprends. Ce serait même avec plaisir, mais à condition que votre fils ne soit pas dans la maison quand je viendrai.

— Non, non, il n'est pas là.

— Marcelle, je veux bien venir, mais je vous garantis que s'il est présent, je ferai aussitôt demi-tour.

— Je vous promets, Ana, que vous pouvez venir sans crainte.

Malgré l'heure un peu tardive, je préviens Charles que je l'emmène chez ses grands-parents paternels :

— Je t'expliquerai dans la voiture.

À Saintry, je découvre Marcelle très amaigrie, autant que je pouvais l'être quand je partageais la vie de son fils. Elle me prend dans ses bras, en larmes, et me glisse à l'oreille :

— Pardonnez-moi Ana. Je ne vous ai jamais crue, je suis désolée. Vous avez dû vivre l'enfer…

J'éclate en sanglots. Par ces quelques mots, quelqu'un vient de reconnaître que, durant toutes ces années, je n'avais pas été folle. Et cette reconnaissance, c'est la mère de mon ancien bourreau qui me l'accorde. Elle va jusqu'à me demander pardon. Ceux qui, hier encore, m'attribuaient la responsabilité de cette violence conjugale savent enfin que je disais vrai. Ils ont fini par ouvrir les yeux. Par ses quelques mots, elle me délivre également du poids de la faute, moi qui étais allée jusqu'à en concevoir de la culpabilité.

En Marcelle, je ne vois pas seulement une *Mater dolorosa*, je devine aussi, sous les traits de sa maigreur qui n'est pas sans me rappeler la mienne, une victime, directe ou collatérale. Je suppose que dans ses mauvais jours, c'est à elle qu'il s'en prend. Elle a fini par comprendre ce que peut signifier la vie avec un homme violent, fût-il son fils. Mais elle n'est visiblement pas la seule.

Jean-Claude et sa fille Laura, qui est une jeune femme à présent, viennent m'embrasser. On me donne enfin les raisons de ce départ pour la Côte d'Azur. Il vient d'être interné en psychiatrie, après avoir frappé Laura, à la tête, avec une poêle.

La famille a décidé de vendre la maison de Saintry pour permettre ainsi aux parents de s'installer à Nice, où Jean-Claude pourra plus facilement s'occuper d'eux, ainsi que de son frère, appelé à les rejoindre plus tard. Ils profitent de son internement pour vider la maison et la mettre en vente. Cela n'est pas sans me rappeler mes déménagements sauvages. Charles va récupérer quelques affaires. Avant de les quitter, je tiens à rassurer Marcelle :

— Ne vous inquiétez pas, cela ne changera rien. Vous pourrez toujours voir Charles pendant les vacances scolaires. Il reste votre petit-fils et il vous aime tellement.

Quelque temps plus tard, il rejoindra ses parents et son frère à Nice. Chaque année, Charles passera un mois à Nice chez ses grands-parents et son oncle.

C'est au cours de l'un des séjours de Charles qu'il parviendra à mettre la main sur mon numéro de téléphone. À plus de neuf cents kilomètres, se sentant à l'abri, il recommencera son harcèlement téléphonique. De jour comme de nuit. Il inondera ma messagerie jusqu'à saturation. Même son fils tentera de le raisonner :

— Tu n'as toujours pas compris que maman ne reviendra jamais ?

Je ne réagirai à aucun de ses appels. Puis il m'enverra des lettres, comme au début de notre histoire, une par semaine. Des lettres que je me refuserai à lire, mais que je ne jetterai pas. Durant ces plus de vingt années, pas une fois, je n'ai répondu, ni à ses messages, ni à ses courriers. Ayant coupé les ponts avec toute sa famille, je ne poserai aucune question à Charles. Je ne voulais plus rien savoir de lui.

Patrick est décédé le 26 novembre 2019.

Les lettres exhumées

Elles dormaient au grenier, près de deux cents lettres soigneusement rangées, jamais décachetées. Pour les besoins de ce récit, je me suis résolue à les ouvrir récemment, me replongeant ainsi dans les années noires de mon existence. Heureusement que je ne les ai pas lues lorsqu'elles me sont parvenues. Leur contenu m'aurait révoltée et je n'aurais pas pu me retenir de lui répondre, ce qui eût été une victoire pour lui, car c'était précisément ce qu'il recherchait, renouer le fil pour de nouveau tisser sa toile.

La parole des auteurs de violence conjugale, plus encore leurs écrits, est rarissime. Certes, la plupart des missives que je livre ici sont postérieures au divorce, donc rédigées après la période de violence. Mais elles recèlent encore une bonne part de cette brutalité qui l'a habité durant toutes les années de notre mariage.

Parmi ces courriers, on trouve de tout, des lettres de reproches, d'intimidation, des lettres de menaces, de chantage au suicide, mais aussi des lettres de demande de pardon, de repentir, des lettres de promesses de lendemains qui chantent… Et dans le même courrier, il peut passer d'un état à l'autre, de la repentance à l'intimidation, du mot tendre à l'insulte.

La lettre qui suit a été écrite alors que j'ai quitté le domicile conjugal et que je me suis réfugiée, avec mon fils, à la campagne, dans une maison de l'oncle Jean. Je m'apprête à engager la procédure de divorce.

29 mars 93

Mon amour[2]

Je t'en prie, cesse ton supplice. Même les somnifères ne me font plus dormir. Je suis un mort vivant. Ton absence est trop longue. Je t'aime et j'aime mon fils de tout mon être. Si je savais que je ne vous verrai plus jamais, je me donnerai la mort sans hésitation. Ce qui m'en empêche c'est l'espoir, l'espoir que tu comprennes a quel point je t'aime, et que tu comprennes surtout que j'ai bien compris ta vengeance et la punition que tu me fais subir mais que je mérite, non que je méritais car maintenant c'est plus possible je veux vous voir mes amours.

Je suis sur que tu as encore quelques sentiments pour moi que je veux exploiter à fond pour te reconquérir Je sais que je t'ai déçu et que tu crois t'être trompée sur moi. Ne penses pas cela car c'est faux. Je suis vraiment l'homme que tu as connu au début mais fatigué par son passé.

Évidemment tu n'avais pas à subir tout ça, ce n'était pas de ta faute.

Je me rappelle d'un soir ou j'ai pleuré comme un gosse sur le canapé, tu m'as pris la main et tu m'as dis qu'on s'en sortirai, rappelle toi comme tu m'as aimé toi aussi, je ne l'oublierai jamais. Et tu ne mentais en aucun cas tout ce que je t'ai dis et fais, mais tu vois que j'en suis conscient et si nous sauvons notre couple dans quelques années nous serons fiers pour Charles. Je sais que c'est à moi de tout faire pour sauver notre couple et notre vie.

Depuis ton départ je n'ai créé de problèmes a personne tu peux en juger. Je veux désormais une vie heureuse et calme avec toi et mes enfants et je me battrai dans le travail comme avant de te connaitre pour que tu sois fier de ton mari. Je sais que tu m'en veux beaucoup a cause de ton travail, peut être même plus que pour le reste. Mais tu peux être sure que je t'aiderai, que si tu le désires, que si tu me le

[2] Ni le style, ni l'orthographe, ni la ponctuation n'ont été corrigés.

demande sans t'étouffer, mais je le ferai de tout mon cœur car je veux tout réparer et c'est a moi de le faire car j'ai tout casse je le sais.

Nous irons cet été a Saintry avec tes filles, a Saintry ou ailleurs mais elles vivrons avec nous. Je comprend que leur absence te rendait malheureuse. Je te promets que tu connaitras plus jamais ça.

Je t'en prie donne moi un signe de vie. Je suis amoureux de toi, tu ne le comprends pas, et je sais que si je veux que tu m'aimes de nouveau comme avant, il faut que tu ai confiance et que tu ne me craignes plus et tu vives enfin heureuse mais sans plus jamais nous séparer. J'ai compris ça fait trop mal. Chérie rappelle-toi de Quiberon, Tignes, le Maroc etc. Nous avons passés de bon moments. Notre premier jour de l'an a Tignes, notre premier Noel avec tous les enfants. Je voudrais que tout revienne dans l'ordre maintenant. Tu seras libre et nous nous aimerons comme avant j'en suis certain. Je t'apporterai plus a tout point de vue. Tolérance, compréhension, plus d'argent aussi et surtout toute la liberté que tu voudras car j'ai confiance en toi. Je t'aime.

Surtout je t'en prie n'ai plus peur de moi. Je veux sauver notre couple mais pour la vie, et non pas pour1 ou 2 ans et j'ai compris ce qu'il fallait faire pour ça.

Je vous aime
Je t'aime mon amour
Gros bisous à mon fils
Vous me manquez

Tu n'auras jamais plus honte de moi devant aucune personne.

Contrairement à ses promesses, il me mènera encore une vie d'enfer, allant jusqu'à mettre le feu à la maison de mes parents, pour que je revienne vivre avec lui.

Cinq mois après mon départ du domicile conjugal, il m'envoie une lettre dans laquelle il évoque son suicide. C'est un chantage qu'il répétera. À la fin de sa lettre, il attribue ma fuite à des raisons qui me seraient toutes personnelles : le besoin de me reposer d'un stress dû à la vie quotidienne, une dépression *post partum*, une fausse couche...

Tout au plus consent-il à reconnaître « *les problèmes que je t'ai provoqués dans ton travail* ». Mais de sa violence à mon égard, il n'est nullement question.

Ana

Depuis ton départ, ma tête est divisée en deux. D'un cote l'espoir que tu me laisse te reconquérir pour seulement te rendre heureuse et de l'autre cote je n'ai sans cesse que des idées noires et je l'ai dis a quelques personnes dont le docteur et l'avocat Et si je vois que ton départ est irrémédiable, je me donnerai la mort.

Ne penses surtout pas un seul moment que je te dis ça pour te faire revenir mais quand tu passes environ 145 jours seul dans ton appartement triste et sans vie abandonne en quelques heures de temps par les 2 êtres les plus chers de ta vie tu ne tiens debout que par l'espoir. Et cet espoir pour moi c'est le 5 mai. J'ai sans cesse envie de parler de toi a tout le monde. Chaque nuit dans mes nombreux réveils quant je me rends compte que tu n'es plus près de moi j'ai envie de pleurer et de mourir et pareil quant je vois le petit Charles. Je sais qu'au fond de toi tu me crois. Rends toi compte si tu étais rentrer chez toi comme d'habitude et que Charles ne soit plus la pendant des mois sans savoir ou il est n'y moi non plus si tu m'aimes comme je t'aime C'est invivable et je n'en peux plus, et ma mort sera une délivrance pour moi et peut être pour certaines personnes.

Aimons nous vivants, moi je suis fou de toi

Pas un appel, pas une lettre, pas un signe

Je sais que tu es forte, ne me le prouve pas plus.

Laisse moi recoller tout ce que j'ai cassé et vivons définitivement heureux.

Ana c'est la meilleure solution

Ton Mari qui t'aime Grosses bises a vous deux

Patrick

Chérie, pour moi tu es partie comme tu le voulais pour te reposer des stress et de la vie quotidienne quant on a un bebe et qu'on puisse pas sortir de la dépression que tu faisais sans la montrer de tous les problèmes que je t'ai provoque dans ton travail, de la fausse couche qui s'est mal passée, de la peine de ne pas voir Emma et Kaya tous les jours. Tu ne connaitra plus tout cela, je te le jure. Je t'aime Reviens

Ma chérie je t'ai souvent promis et pas tenu mes promesses. Je t'ai souvent jure des choses pas tenu. Mais 5 mois d'absence, ce n'es pas te voir prendre la voiture et revenir 1 h plus tard ou te voir partir aller dormir chez tes parents. 5 mois c'est long et cruel nous avons jamais vécu ça alors crois moi et fais moi confiance

Il s'ensuit une période où il m'adresse des lettres de menaces. Voici quelques échantillons.

Ana

Connaissant ton caractère hyper orgueilleux, malheureusement pour ta vie, malgré mes demandes répétées de me faire tel Charles tu t'abstiens. J'espère que tu ne te fais pas influencer par ton ami de passage, mais tu finira par payer, tu le sais bien, tu me connait assez pour cela.

Je ne t'ai jamais interdit de tel à tes filles, mais tes longs discours avec ton ex mari me gonflais un peu. Si tu es une bonne mère ne fais pas subir à Charles ce que tu as fais subir à Kaya, le pauvre n'a rien avoir avec ça, il n'a pas demandé à venir sur Terre. J'espère que tu peux comprendre ça.

Sinon continue comme ça j'agirai en temps voulu

Grosses bises à Charles

La lettre qui suit n'est pas datée, mais selon toute vraisemblance elle a été écrite durant la période qui a suivi le divorce.

Ana,

Tout d'abord, je te remercie d'avoir passé 1 heure avec moi malgré que je sache que tu n'étais là que pour Charles.

Mais je n'admets pas, moi ton mari, oui je me considère comme tel, que tu puisses mettre ma parole en doute concernant l'honnêteté, l'amour exclusif, sensuel et sexuel que je n'ai ressenti que pour toi depuis que je te connais, n'oublie pas que nous nous sommes maries par amour et uniquement par amour.

Ce n'est pas une merdeuse qui peut détruire mon couple la vie de mon enfant. Ou a moins c'est ce que tu cherches.

Depuis mon premier rapport sexuel avec toi et jusqu'à ton départ récent je ne t'ai jamais jamais jamais trompé Maintenant si ça t'amuse renie notre amour, amuse toi avec, tous les midis, ton pot à tabac et ta a moitié guigne[3] *c'est-à-dire tes amis de passage comme d'habitude et pendant ce temps devant ton mari (MOI) tes enfants qui eux resterons toujours près de toi, comme moi j'espère.*

Malgré ton apparence forte et déterminé, tu te laisse t'influencer.

Je t'aime, mais je ne jouerai pas à ton jeu

Je préfère être malheureux qu'idiot.

Ton fils doit vivre dans une famille saine, comme celle de mes parents ou avec ses sœurs et son frère et j'y veillerai[4]*.*

Je m'appelle encore Patrick Dubos avec sa force et ses folies.

Je te respecterai car je t'aime, mais ne me rejette pas devant quiconque ou attend au pire.

Je t'aime avec Charles avant tout

Tu n'as qu'a choisir

Je vais donner l'adresse d'un avocat pas trop cher à Marie-Pierre pour qu'elle m'attaque pour parait-il diffamation.

Mon fils passera avant ces connes.

A faire lire a qui tu veux

Patrick Dubos

Toujours dans le registre des menaces.

Saintry le 3 novembre 95

Ana

Je t'écris tout d'abord pour te dire que ton comportement chez Dexter m'a beaucoup étonné, je montais déjeuner chez Youcef, je t'ai vu, je voulais te dire bonjour. Rien d'autre. Enfin devant les deux sœurs tu était gênée peut être. Je ne t'en veux pas il y a des situations que l'on ne maitrise pas.

---

[3] Allusion à Marie-Pierre et Marie-Hélène qui vivaient alors en couple.

[4] Mot souligné.

Par contre je suis arrivé a Saintry a 19 h pour te faire plaisir, je voulais faire tel Charles. Mais je suis tombé sur M. Helene qui m'a insulte de suite Ma pauvre Ana, quelle déception pour moi quelle honte pour toi d'avoir une copine de merde comme elle. Tu es une femme que j'ai connu avec une certaine classe, quel malheur pour toi de fréquenter ce genre de cageot, un physique de chartier un langage ordurier. Elle ose dire a Charles qu'elle ma serré le coup[5]*. Je me suis retenu de ne pas lui mettre mon poing sur sa gueule de peur de l'embellir, quelle prétentieuse, elle m'a jamais vu en colère*

Maintenant si tu le désires envoie des mecs armes je le suis aussi, et avec cette fois ci de gros calibres.

De toute façon si je meurs, je serai heureux de retrouver ma grand mère. Mais je me défendrai par principe.

Il est loin le temps du Mont St Michel de Quiberon au début, le ski, la mer. Emma qui m'appelait Papa.

Tu diras merde au basset de ma part. Je l'attend avec qui elle veut quand elle veut et ou elle veut.

Sa seule chance c'est que c'est une femme enfin si on peut appeler ça une femme surtout quand on l'a voit marcher. J'appelai plutôt ce machin un ratage de naissance. Toi tu invite ce machin chez toi. J'espère que tu désinfectes après son départ car mon fils, lui il y vit.

Au téléphone elle a commence la première. Je finirai le dernier.

Un fou, c'est un fou parait-il que j'y suis.

Je te quitte, je t'embrasse, je t'aime

Réfléchis.

Patrick

Excuse ma grossièreté, mais contre M.H, on ne peut être que grossier.

Je t'aime

Ana, merci de me prêter mon fils qui me semble un peu a moi aussi

---

[5] Allusion à la riposte de Marie-Hélène dans le restaurant où il avait fait irruption et renversé leur table.

Il est totalement inconscient, il laisse des preuves écrites accablantes contre lui. À moins qu'il ne se croie au-dessus des lois. Il va jusqu'à doubler cette lettre d'un télégramme tout aussi menaçant.

Ana

La prochaine fois que ta naine (Hélène) me répond mal au téléphone tu t'en rappelleras toute ta vie et elle aussi.

Patrick

Puis il change de registre. Ne pouvant concevoir de m'avoir perdue à jamais, il m'adresse plusieurs lettres de promesses d'une vie meilleure…

Mon amour

Les mots qui vont suivre sont absolument sincères Si tu reviens avec moi, je te promets, je te jure, que tu pourra tel a Kaya aller la voir, la faire venir chez nous, elle pourra y vivre elle sera chez elle, tu pourra téléphoner a tes enfants a ton ex mari quand tu le désirera. Emma sera considérée chez elle aussi.

Donc concernant tes filles et ton ex mari il n'y aura plus jamais de disputes entre nous.

Ensuite c'est mon caractère que je suis entrain de transformer Petit a petit en me faisant traiter psychologiquement N'est pas peur je ne suis pas fou Je veux simplement si on se dispute me maitriser, garder mon sang froid, rester calme, ne jamais t'insulter, tout cela je le travail avec le psychiatre. Ton retour pour moi sera une entière guérison.

Apres tous ces mots que tu viens de lire et qui sont vrais je t'attends. Je t'aime encore plus fort et si tu me donne une ultime chance je ferai tout pour que tu sois fière de ton mari et Charles de son père. Tu me redonnera une pêche terrible pour le boulot. Tes filles je l'ai considèrerai comme mes filles en sachant pertinemment qu'elles aiment plus leur père c'est naturel.

Je ne chamboulerai pas toute ta vie, tu auras tes copines tu les verras quand tu le désireras Je t'ai pris et inconsciemment j'ai voulu te changer Je voudrai simplement que l'on se retrouve pour te prouver tout ce que je t'écris.

Je t'aime
Patrick

Puis il en vient aux lettres de repentir, de demandes de pardon, dans lesquelles il reconnaît m'avoir fait souffrir.

19. 02 1996

Ana

Je te demande de me pardonner pour tout le mal que je t'ai fais Je te demande de me pardonner de ne pas mettre rendu compte qu'avec ma jalousie idiote, mes colères je te faisais beaucoup de mal. Tu as due souffrir J'ai mal quant je pense à ça.

Il faut que tu me pardonne Je me suis fais guérir, je t'ai écoute et pendant tous les mois de ton absence j'ai gambergé ressasser notre passe et j'ai dis a tout le monde que j'ai eu tord. Ne pense pas qu'il est trop tard. Je ne t'embête jamais a ton travail je veux que tu te rendes compte que j'ai changer pour de vrai.

J'ai beaucoup plus souffert de cette séparation que celle d'y a deux ans. Je ne peux plus rester dans cette situation.

Ne me refuses pas un diner en tête a tête. Au moins déjà ça.

J'espère que tu dira oui de tout cœur

Je t'adore pour la vie et encore pardon pour tout

Je t'aime
Patrick

Vendredi 1 h 30 du matin

Chérie

Tu as dû souffrir terriblement de ne pas avoir Kaya
Car je souffre aussi de ne pas avoir Charles tous les jours.
Je te demande pardon mille fois

Je vous aime
Patrick

Ana

Casino d'Enghien, je t'ai vus, tu es la plus belle, très belle très classe. La femme que j'attendais depuis 39 ans. Une jolie femme m'aime. A Tignes, jour de l'An, toujours la plus belle. Moi je t'aime trop, trop. La jalousie s'installe qui tue notre belle amour Mais toujours la plus belle Tu t'en vas a cause de mes conneries et pourtant, je t'aime plus que tout au monde Tu pars. Je tombe malade très malade Mais rien de change dans ma tête tu es la plus belle et je t'aime encore plus. Depuis ton départ je veux me suicider, je ne le fais pas pour Charles

Ana sauve-moi, sauve-moi Ecris moi, je ne te demande que ça Charles sera content.

Patrick

9. 10. 1999

Ana

Je t'écris en tant que père de Charles quelques lignes pour te dire que je regrette amèrement le mal que je t'ai fais, de Kaya à ton travail en passant par tout le reste. Je suppose que l'absence de Kaya t'empêche de vivre pleinement heureuse et j'ai mal pour toi. Je veux te rappeler qu'après ton départ, je me suis casse le genou[6]*, 15 jours a l'hôpital, dans la douleur sans un coup de fil de toi. Ensuite une très forte dépression accompagnée d'alcool et de médicaments qui me rendaient fou et j'étais devenu un zombie et alors que j'étais au plus mal, complètement au fond, on m'a appris que j'avais un cancer de la langue : la gorge ouverte d'une oreille a l'autre plus dans le cou au total 50 agrafes en fer, la langue coupée à la moitié c'est terrible, alimenté pendant 2 mois par une seringue. Je ne pouvais plus déglutir ni parler, la langue ficelée a ma joue et je te passe mille détails de souffrance.*

J'espère que mon cancer ne reviendra pas pour profiter longtemps de mon fils. Mais ma santé est précaire.

---

[6] Il s'était délibérément jeté contre une camionnette.

Charles est tout pour moi et je ne le perturberai jamais avec toutes ces histoires. Il faut qu'il soit heureux avec toi comme avec moi.

Tout ceci pour te dire que je crois avoir paye tout le mal que je t'ai fait.

Amicalement
Patrick

Encore quelques mots

Ce qui peut surprendre dans ce témoignage, parfois glaçant, c'est que la victime, Ana Gaubert, n'avait pas le profil – si tant est qu'un tel profil existe – de la femme battue. Pour le dire autrement, s'il était une personne dont on pouvait penser qu'elle était armée contre les violences conjugales, c'était bien elle. Avant de rencontrer son futur bourreau, celle-ci n'avait rien de la femme effacée, soumise, passive. Bien au contraire, elle avait fait preuve de combativité, d'esprit d'indépendance, de détermination... Ainsi qu'elle le raconte elle-même, dès la prime enfance, elle eut à faire face à la maladie.

Je suis née au mitan du XXe siècle, en 1953 précisément, à Montmorency, dans le Val-d'Oise.

Petite dernière d'une fratrie qui compte déjà deux sœurs et un frère, je ne suis pas vraiment prévue au programme, pas vraiment désirée, ce qui, maigre consolation, est, à l'époque, fréquent. Si l'on en croit la légende familiale, à ma naissance, ma mère aurait prédit : « *Elle sera celle qui fera battre des montagnes.* »

Mais auparavant, il me faut lutter contre la maladie. Dès les premiers mois, je souffre de broncho-pneumonie. Ma mère refuse de suivre les conseils du pédiatre, qui recommande mon hospitalisation. Une tente à oxygène est dressée à la maison. Mon père va à pied chercher les bouteilles d'oxygène et, tel un portefaix, les ramène sur ses épaules. Mon état exige une surveillance de tous les instants, de jour comme de nuit. Mes parents veillent sur moi. Dès lors que je prends correctement mes médicaments, ils me passent tous mes caprices. Ce n'est qu'au bout de deux ans que je surmonte l'épreuve.

La petite fille du pédiatre, hospitalisée pour la même maladie, est décédée.

Ma guérison acquise, je chute de mon piédestal d'enfant-roi. Désormais, je suis à la même enseigne que mes deux sœurs, Edwige et Nelly, et mon frère, Lionel. Je ne comprends pas ce changement de régime. J'en conçois de la frustration. Enfant surprotégée, du jour au lendemain, je suis livrée à moi-même. Du fait de notre différence d'âge, mes frères et sœurs me tiennent à distance. Comme je reste de santé fragile, ma mère préfère ne pas m'inscrire à l'école maternelle. Je suis gardée par ma grand-mère paternelle. Enfant solitaire, je deviens un garçon manqué, toujours prête à faire les quatre cents coups. Au dispensaire du quartier, l'infirmière me connaît de réputation. Je m'y rends régulièrement pour la pose de pansements, voire d'agrafes.

D'une famille de condition modeste – le père est ouvrier, la mère est caissière dans une brasserie parisienne –, l'enfant est témoin d'un terrible accident de la route dont le souvenir reste vivace.

Notre H.L.M. se situe juste en bordure d'une nationale très fréquentée, la 214, qui relie Saint-Denis à Épinay-sur-Seine. Malgré un trafic dense et une population qui ne l'est pas moins, la route ne comporte ni feux de signalisation ni passages piétons. À cette époque-là, on n'accorde que peu d'importance à la sécurité routière. De l'autre côté de cette nationale se trouvent quelques commerces. Chaque fois que notre mère nous envoie aux courses, elle nous recommande de faire très attention avant de traverser, surtout depuis qu'une voiture a renversé notre petite chienne, Chouquette.

Je dois avoir douze ans. Ce jour-là, je vais acheter du pain à la boulangerie. J'arrive sur la contre-allée. À gauche se dresse un immeuble avec vue sur la nationale. J'entends une femme au troisième étage, qui crie en direction de la route :

— Attends ! Ne traverse pas maintenant !

Elle s'adresse à une fillette de sept ou huit ans, qui s'apprête à s'engager. Quelques secondes plus tard, je vois la gamine, tel un pantin désarticulé, voltiger en l'air, puis retomber sur la route. La femme à la fenêtre hurle, elle devient hystérique. Je tremble de tout mon corps. Je cours me réfugier dans la descente des caves. Dans ma tête, j'entends encore la voiture qui freine, le choc du corps contre la voiture, le corps qui retombe sur le bitume… Je suis complètement traumatisée, cela s'est produit près de l'endroit où Chouquette a été renversée. Ce n'est qu'au bout d'un long moment que je rentre à la maison, en larmes, et sans le pain. Ma mère ne comprend pas ma détresse. Entre deux sanglots, j'articule quelques mots…

Ce sera l'une des rares fois où ma mère me prendra dans ses bras.

Au fond de moi, je porte une tristesse que j'apprends à masquer derrière un sourire. J'envie ma copine Nadia d'avoir une mère si gentille, si prévenante, si attentionnée. Plus tard, je comprends que je n'ai pas été heureuse durant mon enfance.

À treize ans, l'adolescente demande à cesser le collège pour entreprendre des études de comptabilité. À seize ans, son C.A.P. en poche, elle entame sa vie professionnelle. Elle n'hésite pas à quitter ses emplois sitôt que la routine s'installe.

À dix-neuf ans, elle réalise son rêve de gosse.

J'en rêve depuis l'âge de mes six ans, précisément depuis le jour où mon père m'a emmenée assister à des exhibitions d'avions dans le ciel du Bourget, à l'occasion d'un Salon de l'Aéronautique. J'en suis ressortie impressionnée et émerveillée. Il ne fait plus aucun doute qu'un jour, moi aussi, je piloterai un avion.

Dès mon premier salaire, j'économise dans le but de me payer des cours de pilotage. À dix-neuf ans, j'ai réuni la somme nécessaire. Toutefois, il demeure un obstacle de taille. La majorité est alors à vingt et un ans, et mes parents ne veulent pas entendre parler de mon projet. Je suis « obligée » d'emprunter la carte d'identité de ma mère et de falsifier une autorisation parentale, laquelle passe comme une lettre à la poste auprès des responsables de l'aéro-club René-Mouchotte de Mitry-Mory, en Seine-et-Marne. Il ne reste plus qu'à prier le ciel qu'il ne m'arrive pas d'accident.

Je me retrouve, seule femme, au sein d'une communauté d'hommes à la réputation machiste. Pourtant je deviens rapidement la coqueluche du club. Je me montre assidue à mes leçons de pilotage. Et le 9 avril 1973, après 22 heures de vol accompagné, 135 atterrissages, mon moniteur me « lâche », ce qui, en jargon d'aviateur, signifie qu'il me considère comme apte à voler de mes propres ailes. Il me reste à le prouver, c'est-à-dire, à prendre, seule dans l'appareil, les commandes, et à enchaîner trois vols et trois atterrissages. En dépit de conditions météorologiques peu favorables – entre mon premier et mon troisième atterrissage, un fort vent s'est levé –, je décroche mon brevet de pilotage.

Au passage, le lecteur aura relevé que, lors de son séjour aux États-Unis, Ana Gaubert s'est retrouvée une nouvelle fois seule femme dans une communauté d'hommes, dans un squat occupé par des junkies.

Enfin, elle nous a raconté comment, ayant découvert l'infidélité de son premier mari, elle a pris le taureau par les cornes pour s'en séparer.

On pourrait donc croire qu'un tel parcours de vie la préserverait de tomber sous la férule d'un homme violent. Il n'en a rien été. Et les premiers mots de son futur bourreau, assis à la table de jeu, de retentir désormais de manière singulièrement prémonitoire :

— Vous allez perdre, madame…

Épilogue

En 2007, j'ai fait la connaissance d'Antoine. J'ai alors cinquante-quatre ans, lui cinquante-trois. Il a, lui aussi, connu sa part d'épreuves. Il tient un salon de coiffure. Nous avons encore des obligations familiales. Pendant quatre ans, nous nous réservons les week-ends et les vacances. Nous prenons le temps d'apprendre à nous connaître. Partageant la même fringale pour les voyages, nous sillonnons l'Europe de long en large. Et ce n'est pas fini.

Emma, après avoir été l'une des premières femmes croupières de France, s'est reconvertie dans la finance. Elle est adjointe à la direction administrative et financière d'un important groupe alimentaire.

Kaya occupe un poste de Directrice des finances d'un important groupe immobilier coté en bourse.

Charles est devenu médecin. En octobre 2021, il a rejoint l'Assistance publique - Hôpitaux de Paris (AP-HP) en tant que chef de clinique.

C'est peu de dire que je suis très fière de mes enfants.

Depuis 2013, Antoine et moi sommes retirés dans un village provençal, près de Saint-Rémy. L'été, notre havre de paix retentit des cris et des rires de nos petits-enfants.

Le 24 novembre 2020, après des recherches, Antoine m'a appris une bien triste nouvelle : Gabrielle est décédée en 2011, à l'âge de soixante et onze ans, à Paris. C'est comme si je venais de la perdre. J'avais espéré qu'elle serait toujours vivante au point que je me refuse à l'idée de ne plus jamais la revoir. Je suis triste. Gabrielle m'a tellement soutenue durant ces années d'enfer. La revoir, ne serait-ce qu'une fois, eût été un cadeau de la vie.

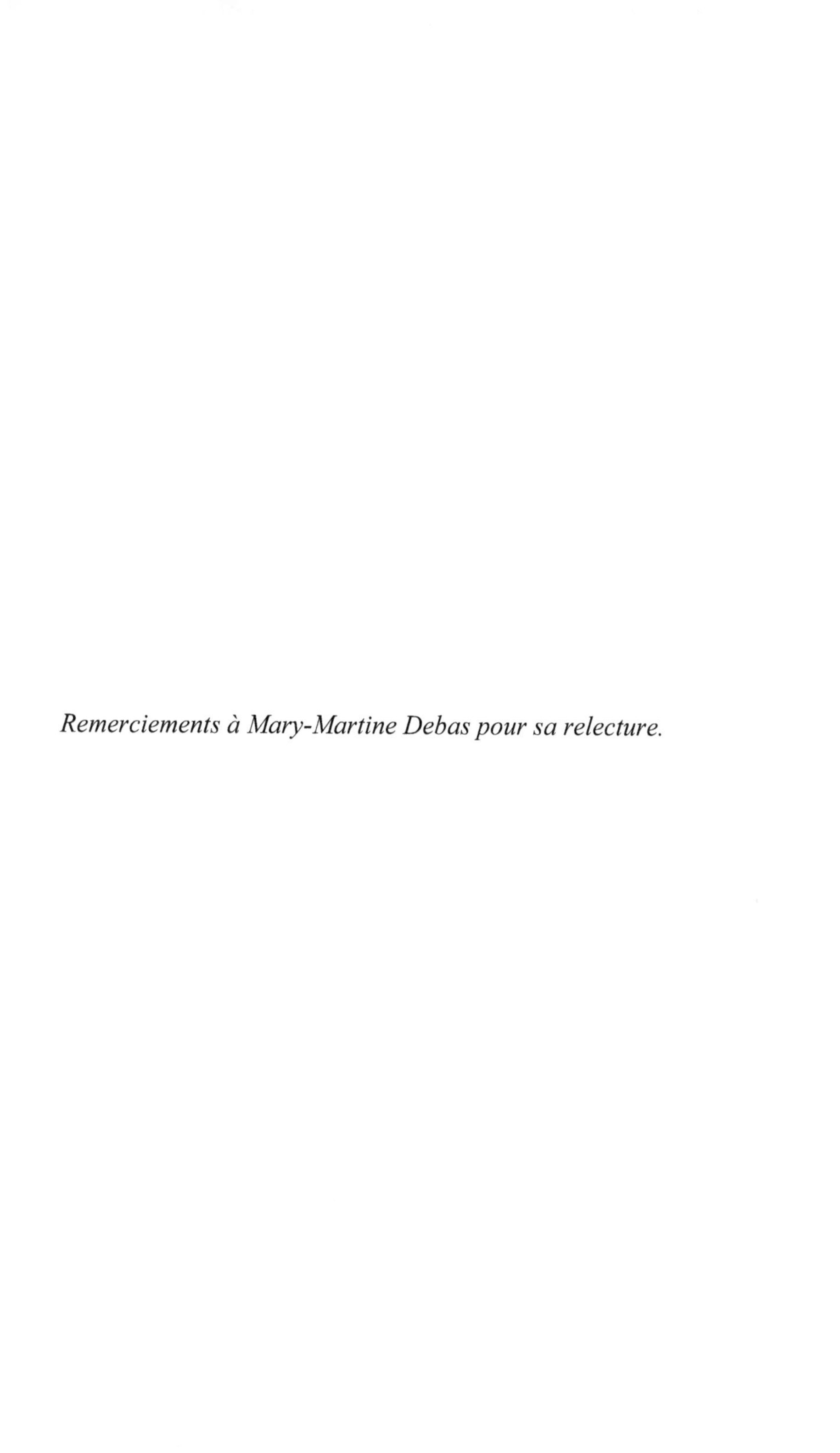

Remerciements à Mary-Martine Debas pour sa relecture.

Imprimé en Allemagne
Achevé d'imprimer en mars 2023
Dépôt légal : mars 2023

Pour

Le Lys Bleu Éditions
40, rue du Louvre
75001 Paris

www.ingramcontent.com/pod-product-compliance
Lightning Source LLC
LaVergne TN
LVHW010611160826
845677LV00013B/3353

* 9 7 9 1 0 3 7 7 8 7 1 1 8 *